2권

거듭남 그 이후

토기장이

토기장이 바이블 스터디 틴 시리즈는
한국교회의 청소년들이 영적으로 각성되고
말씀 위에 세워지기를 소망하며
토기장이에서 만든 청소년 성경공부 교재입니다.

특별한 표기가 없는 모든 성경 구절은 개역개정성경을 인용한 것입니다.

Contents

1. 거듭남의 비밀

2. 그리스도인의 삶

토기장이 바이블 스터디 틴 시리즈, 이렇게 사용하면 백점 만점!

「토기장이 바이블 스터디 틴 시리즈」는 한 가지 주제 아래 통일성 있는 예배 진행을 위한 교재로서 '찬양-설교-2부 순서-성경공부'까지 물 흐르듯 연결되어 예배의 집중도를 높이고, 짧은 성경공부 시간을 최대한 활용할 수 있도록 구성된 교재입니다.

마음을 열어봐!

성경공부를 시작하기 전, 간단하지만 톡톡 튀는 아이디어들이 가득한 짧은 활동을 통해 성경공부에 대한 기대감과 흥미를 갖게 해줍니다.

성경을 열어봐!

말씀을 배우고 깊이 묵상하는 활동입니다. 설교말씀과 함께 이어지는 본문 말씀을 읽고 문제를 풀어보세요. 성령님의 도우심을 따라 말씀을 '내 것'으로 만들어 보세요.

세상을 열어봐!

배운 말씀을 삶속에 구체적으로 적용하도록 돕는 활동입니다. 이 활동을 통해 매일매일 말씀으로 살아가는 기쁨과 능력을 경험하세요. 여러분이 세상 가운데 하나님의 은혜를 흘려보내는 축복의 통로가 되기를 기대하며 기도합니다.

Toggijangi Bible study teen series

1

거듭남의 비밀

01 집중분석, 죄 • **02** 진정한 회개 • **03** 위대한 용서 • **04** 하나님의 무한사랑 •
05 거듭남 1. 제2의 인생 • **06** 거듭남 2. 거듭남의 축복 •
07 거듭남 3. 성장의 비밀 • **08** 거듭남 4. 구원의 확신

01 집중분석, 죄

성경본문 창세기 3:1-6,16-19 ; 마태복음 27:3-5 ; 요한복음 13:1-2,21-27
중심구절 창세기 3:4-5 ; 요한복음 13:2,27

지명수배, 널 체포하겠다!

전국을 떠들썩하게 한 범죄자 하행선, 그는 어떤 범죄를 저질렀을까요?

추적 15분! 증거를 찾아라!

이번 '추적 15분'에서는 '예수를 판 가룟 유다' 와 '선악과를 먹은 하와' 사건을 심층분석합니다. 먼저 당시 사건 현장 기록을 주의깊게 살펴보시기 바랍니다.

사건 케이스 A

사건명 : 예수를 판 가룟 유다

요한복음 13장 가룟 유다

1 유월절 전에 예수께서 자기가 세상을 떠나
아버지께로 돌아가실 때가 이른 줄 아시고 세
상에 있는 자기 사람들을 사랑하시되 끝까지
사랑하시니라 2 마귀가 벌써 시몬의 아들 가
룟 유다의 마음에 예수를 팔려는 생각을 넣었
더니 … 21 예수께서 이 말씀을 하시고 심령
에 괴로워 증언하여 이르시되 내가 진실로 진
실로 너희에게 이르노니 너희 중 하나가 나를
팔리라 하시니 22 제자들이 서로 보며 누구에
게 대하여 말씀하시는지 의심하더라 … 25 그
가 예수의 가슴에 그대로 의지하여 말하되 주
여 누구니이까 26 예수께서 대답하시되 내가
떡 한 조각을 적셔다 주는 자가 그니라 하시고
곧 한 조각을 적셔서 가룟 시몬의 아들 유다에
게 주시니 27 조각을 받은 후 곧 사탄이 그 속
에 들어간지라 이에 예수께서 유다에게 이르
시되 네 하는 일을 속히 하라 하시니 30 유다
가 그 조각을 받고 곧 나가니 밤이러라

마태복음 27장

3 그 때에 예수를 판 유다가 그의 정죄됨을 보
고 스스로 뉘우쳐 그 은 삼십을 대제사장들과
장로들에게 도로 갖다 주며 4 이르되 내가 무
죄한 피를 팔고 죄를 범하였도다 하니 5 유다
가 은을 성소에 던져 넣고 물러가서 스스로 목
매어 죽은지라

사건 케이스 B

사건명 : 선악과를 먹은 하와

창세기 3장 하와

1 뱀이 여자에게 물어 이르되 하나님이 참으
로 너희에게 동산 모든 나무의 열매를 먹지 말
라 하시더냐 2 여자가 뱀에게 말하되 동산 나
무의 열매를 우리가 먹을 수 있으나 3 동산 중
앙에 있는 나무의 열매는 하나님의 말씀에 너
희는 먹지도 말고 만지지도 말라 너희가 죽을
까 하노라 하셨느니라 4 뱀이 여자에게 이르
되 너희가 결코 죽지 아니하리라 5 너희가 그
것을 먹는 날에는 너희 눈이 밝아져 하나님과
같이 되어 선악을 알 줄 하나님이 아심이니라
6 여자가 그 나무를 본즉 먹음직도 하고 보암
직도 하고 지혜롭게 할 만큼 탐스럽기도 한 나
무인지라 여자가 그 열매를 따먹고 자기와 함
께 있는 남편에게도 주매 그도 먹은지라 … 16
또 여자에게 이르시되 내가 네게 임신하는 고
통을 크게 더하리니 네가 수고하고 자식을 낳
을 것이며 너는 남편을 원하고 남편은 너를 다
스릴 것이니라 하시고 17 아담에게 이르시되
네가 네 아내의 말을 듣고 내가 네게 먹지 말
라한 나무의 열매를 먹었은즉 땅은 너로 말미
암아 저주를 받고 너는 네 평생에 수고하여야
그 소산을 먹으리라 18 땅이 네게 가시덤불과
엉겅퀴를 낼 것이라 네가 먹을 것은 밭의 채소
인즉 19 네가 흙으로 돌아갈 때까지 얼굴에 땀
을 흘려야 먹을 것을 먹으리니 네가 그것에서
취함을 입었음이라 너는 흙이니 흙으로 돌아
갈 것이니라 하시니라

사건파일
수배명단
수사기록

사건분석

사건 케이스 A. 예수를 판 가롯 유다

1. 예수님을 팔아넘기려는 생각은 가롯 유다의 생각이 아니었다! 증거 ________ 절
2. 가롯 유다의 범행은 단독범행이 아니었다. 공범이 있었다! 증거 ________ 절
3. 가롯 유다는 예수님의 말씀을 듣고 범행을 저지르지 않을 수 있었다! 예수님은 여러 번 가롯 유다에게 회개의 기회를 주셨다! 증거 ________ 절
4. 그럼에도 불구하고 가롯 유다는 죄를 선택했다! 증거 ________ 절
5. 가롯 유다는 예수님을 팔아넘긴 죄를 범한 후 자책하며 자살했다. 증거 ________ 절

사건 케이스 B. 선악과를 먹은 하와

1. 뱀은 하와를 유혹하였다! 증거 ________ 절
2. 하와는 선악과를 먹어서는 안 된다는 사실을 알고 있었으나 유혹에 넘어가고 말았다! 증거 ________ 절
3. 하와는 뱀이 보는 앞에서 선악과를 먹고 아담에게도 주었다! 증거 ________ 절
4. 하와의 죄와 아담의 죄로 인해, 인간은 해산의 고통, 노동의 수고, 죽음의 결과를 가져오게 되었다! 증거 ________ 절

1. 비극적 결말을 가져온 가롯 유다의 가장 큰 잘못은 무엇인가요?

2. 엄청난 죄의 결말을 가져온 아담과 하와의 가장 큰 잘못은 무엇인가요?

범죄의 재구성

토리네 학교에서 일어난 일입니다. 사건을 순서대로 나열해 봅시다.

어디서부터 잘못된 것일까요? 당신이 만약 토리였다면 어떻게 했을까요?

02 진정한 회개

성경본문 사무엘하 11-12장 ; 시편 51편
중심구절 사무엘하 12:9,13

여기는 어디야?

지금 두 사람은 무엇을 하고 있는 것일까요?

이·달·의·심·층·취·재

충격 스캔들! 다윗의 그녀, 밧세바!

하나님의 사람, 다윗이 하나님 보시기에 악한 일을 하여 이슈가 되었다. 이스라엘 역사상 가장 위대한 왕으로 추앙받던 다윗 왕! 과연 무슨 죄를 지은 것일까? 그 사건의 전말을 전하고자 다윗 왕과 나단 선지자를 단독 밀착 취재했다.

밧세바와의 만남이 있던 당일, 당신은 무엇을 하고 있었나요?(삼하 11:1-2)

다윗 : 사실 그날은 왕들이 전쟁에 출정하는 날이었지만 그날따라 몸이 나른하고 무거워서 출정을 못하고, 예루살렘성에서 낮잠을 잤습니다. 본래 한 나라의 왕이라면 당연히 전쟁을 이끌어야 하는데 그날은 제가 왜 그랬는지 잘 모르겠습니다. 정말 한심한 행동이었지요. 부하들은 전장에서 목숨을 내걸고 싸우고 있었는데 말입니다.

밧세바를 왕궁으로 부르기로 결심하신 때는 언제였습니까?(삼하 11:1-2)

다윗 : 그날 저녁은 유난히 봄바람이 시원했습니다. 아무 생각 없이 잠을 깨려고 옥상을 거닐고 있는데, 밧세바가 목욕을 하고 있는 모습을 보게 되었습니다. 그녀의 얼굴을 좀 더 가까이서 보고 싶은 마음에… 그래서 그만…

밧세바 사건이 있은 후, 당신이 취한 행동은 무엇인가요?(삼하 11:6-25)

다윗 : 밧세바와 단 하룻밤을 보냈을 뿐인데 그녀의 임신 소식에 몹시 당황했습니다. 이 사실이 온 나라에 알려질 때 제가 겪을 창피함과 비난들을 상상도 하기 싫었습니다. 그래서 그녀의 남편 우리아 장군을 예루살렘으로 불러들여 밧세바와 동침하게 하려 했지만 충성스러운 우리아 장군은 집으로 돌아가지 않았습니다. 하지만 저는 이성적으로 판단하지 못했습니다. 계획이 실패한 후, 어떻게든 밧세바의 사건을 감추기 위해 결국 우리아 장군을 전쟁터에서 죽게 만들었지요. 전 단지 제게 닥칠 위기를 모면하려고만 했던 겁니다.

혹시 기억이 나신다면, 당신의 잘못을 책망했던 선지자 나단의 예화를 다시 한 번 들려주시겠어요?(삼하 12:1-4)

다윗 : 자식과 같은 어린 암양 한 마리를 가진 어느 가난한 사람이 있었는데, 한 부유한 사람이 자기 손님을 대접하기 위해 자기 양이 아닌 그 가난한 사람의 어린 양을 강제로 빼앗아 대접했다는 것입니다. 나단 선지자는 제가 바로 그 '부유한 사람'이라면서 저의 죄를 깨닫게 하였습니다.

부자가 당신이라면 가난한 사람은 우리아 장군이고 어린 양은 밧세바겠군요? 그렇다면 나단의 이야기를 듣고 난 뒤 당신은 어땠나요?(삼하 12:5-13)

다윗 : 충격 그 자체였습니다. 그제야 정신이 돌아왔습니다. 당장 주님께 저의 죄를 고백했습니다. 눈물이 멈추지 않았습니다. 제가 다른 사람의 아내를 향해 마음으로 음욕을 품었고, 행동으로 옮겼고, 사람을 죽이기까지 했다는 사실을 믿을 수 없었습니다.

나단 선지자님은 그 사건을 어떻게 알게 되셨습니까?(삼하 12:1)

나단 : 다윗 왕이 밧세바를 만나는 그 시각이었던 것 같습니다. 늘 같은 시각에 기도하는 습관이 있던 터라 저녁기도를 하고 있었습니다. 그 기도시간에 하나님께서 제게 다윗 왕의 악행을 말씀하셨지요. 처음에는 믿을 수 없었습니다. 평소 제가 존경하고 좋아하는 왕이 그런 일을 저질렀을 것이라고는 도무지 믿기지 않았습니다.

나단 선지자께서 다윗 왕에게 하나님의 말씀을 전하셨을 때 그의 반응은 어땠습니까?(삼하 12:15-23)

나단 : '역시 다윗 왕이구나' 싶었습니다. 왕은 단 일초도 자신의 죄를 부인하지 않았습니다. 어떤 핑계나 변명도 늘어놓지 않았습니다. 그 자리에서 무릎을 꿇고 자기 죄를 뉘우치면서 회개하는 그 모습은, 한 나라의 왕이기 이전에 하나님을 진정으로 사랑하는 사람의 모습이었습니다. 사실 저도 사람이기에 하나님 앞에서 죄를 많이 지었고 회개하였고, 또 제가 아는 많은 사람들이 죄를 범하는 모습을 많이 보아왔지만 다윗 왕처럼 철저하게 회개하는 사람은 처음 보았습니다. 하나님께서 왕을 그토록 사랑하시는 이유를 깨달았습니다.

마지막 질문입니다. 다윗 왕에게 회개란 무엇입니까?(시 51편)

다윗 : 저에게 회개란 자신의 잘못을 깨닫고, 하나님께 죄를 고백하고, 진심으로 뉘우치는 것입니다. 제가 쓴 구약성경 시편의 51번째 시가 바로 제가 생각하는 회개라고 생각합니다. 독자 여러분도 진정한 회개를 통해 정죄와 죄책감으로부터 자유하시길 소망합니다.

비록 하나님 앞에서 악한 일을 행하였지만, 그 이후 죄를 깨달음과 동시에 바로 회개를 하는 모습은 우리 모두가 본받아야 할 모습이 아닌가 싶군요.
어렵지만 솔직한 고백을 통해 하나님께 용서받는 방법을 알게 해준 다윗 왕과 나단 선지자에게 감사의 말씀을 전합니다.

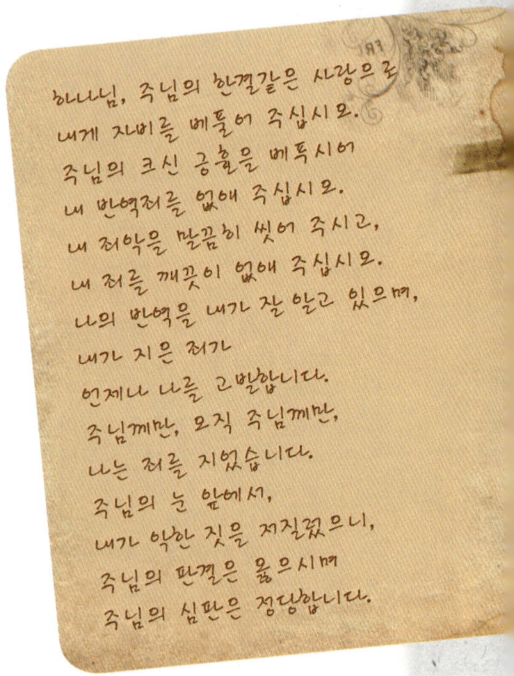

다윗의 회개

사무엘하 11장

1 그 해가 돌아와 왕들이 출전할 때가 되
매 다윗이 요압과 그에게 있는 그의 부
하들과 온 이스라엘 군대를 보내니 그들
이 암몬 자손을 멸하고 랍바를 에워쌌고
다윗은 예루살렘에 그대로 있더라
2 저녁 때에 다윗이 그의 침상에서 일어나
왕궁 옥상에서 거닐다가 그 곳에서 보니
한 여인이 목욕을 하는데 심히 아름다워
보이는지라
3 다윗이 사람을 보내 그 여인을 알아보게
하였더니 그가 아뢰되 그는 엘리암의 딸
이요 헷 사람 우리아의 아내 밧세바가
아니니이까 하니
4 다윗이 전령을 보내 그 여자를 자기에게
로 데려오게 하고 그 여자가 그 부정함을
깨끗하게 하였으므로 더불어 동침하매
그 여자가 자기 집으로 돌아가니라
5 그 여인이 임신하매 사람을 보내 다윗에
게 말하여 이르되 내가 임신하였나이다
하니라
6 다윗이 요압에게 기별하여 헷 사람 우리
아를 내게 보내라 하매 요압이 우리아를
다윗에게로 보내니
14 아침이 되매 다윗이 편지를 써서 우리
아의 손에 들려 요압에게 보내니
15 그 편지에 써서 이르기를 너희가 우리
아를 맹렬한 싸움에 앞세워 두고 너희
는 뒤로 물러가서 그로 맞아 죽게 하라
하였더라
16 요압이 그 성을 살펴 용사들이 있는 것
을 아는 그 곳에 우리아를 두니
17 그 성 사람들이 나와서 요압과 더불어
싸울 때에 다윗의 부하 중 몇 사람이 엎
드러지고 헷 사람 우리아도 죽으니라
26 우리아의 아내는 그 남편 우리아가 죽
었음을 듣고 그의 남편을 위하며 소리
내어 우니라
27 그 장례를 마치매 다윗이 사람을 보내
그를 왕궁으로 데려오니 그가 그의 아
내가 되어 그에게 아들을 낳으니라 다
윗이 행한 그 일이 여호와 보시기에 악
하였더라

사무엘하 12장

7 나단이 다윗에게 이르되 당신이 그 사람
이라 이스라엘의 하나님 여호와께서 이
와 같이 이르시기를 내가 너를 이스라엘
왕으로 기름 붓기 위하여 너를 사울의 손
에서 구원하고
8 네 주인의 집을 네게 주고 네 주인의 아
내들을 네 품에 두고 이스라엘과 유다 족
속을 네게 맡겼느니라 만일 그것이 부족
하였을 것 같으면 내가 네게 이것 저것을
더 주었으리라
9 그러한데 어찌하여 네가 여호와의 말씀
을 업신여기고 나 보기에 악을 행하였느
냐 네가 칼로 헷 사람 우리아를 치되 암
몬 자손의 칼로 죽이고 그의 아내를 빼앗
아 네 아내로 삼았도다
13 다윗이 나단에게 이르되 내가 여호와께
죄를 범하였노라 하매 나단이 다윗에게
말하되 여호와께서도 당신의 죄를 사하
셨나니 당신이 죽지 아니하려니와
14 이 일로 말미암아 여호와의 원수가 크게
비방할 거리를 얻게 하였으니 당신이 낳
은 아이가 반드시 죽으리이다 하고
15 나단이 자기 집으로 돌아가니라 우리아
의 아내가 다윗에게 낳은 아이를 여호와
께서 치시매 심히 앓는지라
16 다윗이 그 아이를 위하여 하나님께 간구
하되 다윗이 금식하고 안에 들어가서 밤
새도록 땅에 엎드렸으니

1. 이스라엘 군대가 전쟁을 하고 있던 어느 저녁 다윗은 무슨 죄를 지었나요?(삼하 11:2-4)

2. 다윗은 자신의 죄를 감추기 위해 어떻게 하였나요?(삼하 11:14-17)

3. 하나님이 보내신 나단 선지자의 이야기를 들은 다윗이 가장 먼저 한 행동은 무엇인가요?(삼하 12:13)

4. 하나님이 우리의 잘못을 깨닫게 하시는 이유는 무엇 때문일까요?

www.예수의보혈.com

예수의보혈닷컴 회개 게시판입니다. 하나님께서 이 게시판에 올린 모든 죄를 읽고 용서해주신다면 여러분은 어떤 죄를 고백하겠습니까?

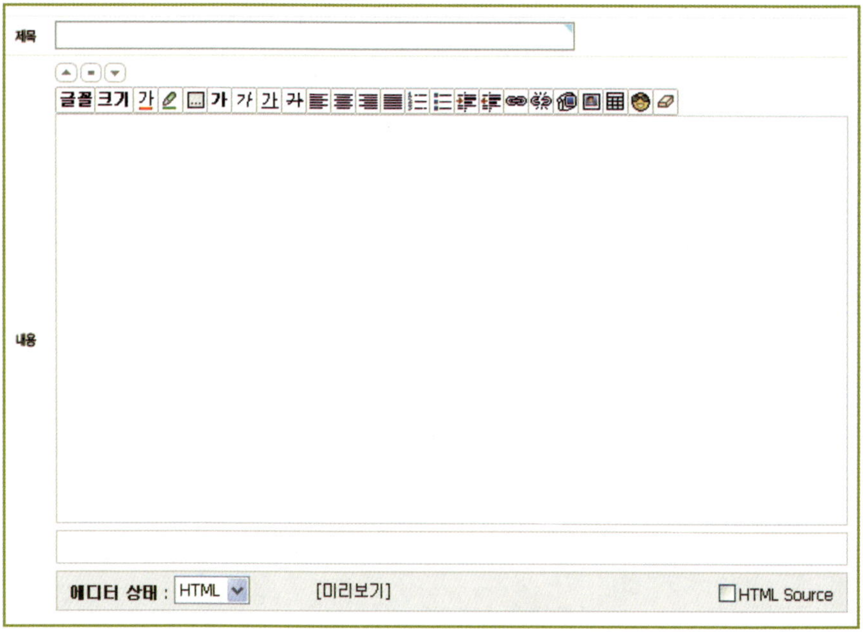

※ 주의! 다 쓰신 후에는 꼭 '비밀글'로 올려주시기 바랍니다.

그가 빛 가운데 계신 것같이 우리도 빛 가운데 행하면
우리가 서로 사귐이 있고 그 아들 예수의 피가 우리를 모든 죄에서 깨끗하게 하실 것이요
만일 우리가 우리 죄를 자백하면 그는 미쁘시고 의로우사
우리 죄를 사하시며 우리를 모든 불의에서 깨끗하게 하실 것이요
(요한일서 1:7,9).

03 위대한 용서

성경본문 이사야 59:1-3 ; 마태복음 9:1-8
중심구절 마태복음 9:5-6

아이 같은 반응

어린아이 같은 반응이라고 생각되는 것을 고르세요.

죄와 용서

이사야 59:1-3

1 여호와의 손이 짧아 구원하지 못하심도 아니요 귀가 둔하여 듣지 못하심도 아니라
2 오직 너희 죄악이 너희와 너희 하나님 사이를 갈라 놓았고 너희 죄가 그의 얼
굴을 가리어서 너희에게서 듣지 않으시게 함이니라
3 이는 너희 손이 피에, 너희 손가락이 죄악에 더러워졌으며 너희 입술은 거짓을
말하며 너희 혀는 악독을 냄이라

마태복음 9:1-8

1 예수께서 배에 오르사 건너가 본 동네에 이르시니
2 침상에 누운 중풍병자를 사람들이 데리고 오거늘 예수께서 그들의 믿음을 보
시고 중풍병자에게 이르시되 작은 자야 안심하라 네 죄 사함을 받았느니라
3 어떤 서기관들이 속으로 이르되 이 사람이 신성을 모독하도다
4 예수께서 그 생각을 아시고 이르시되 너희가 어찌하여 마음에 악한 생각을 하
느냐
5 네 죄 사함을 받았느니라 하는 말과 일어나 걸어가라 하는 말 중에 어느 것이
쉽겠느냐
6 그러나 인자가 세상에서 죄를 사하는 권능이 있는 줄을 너희로 알게 하려 하노라
하시고 중풍병자에게 말씀하시되 일어나 네 침상을 가지고 집으로 가라 하시니
7 그가 일어나 집으로 돌아가거늘
8 무리가 보고 두려워하며 이런 권능을 사람에게 주신 하나님께 영광을 돌리니라

1. 나와 하나님 사이를 갈라놓는 것은 무엇인가요?(사 59:2)

2. 서기관들이 중풍병자의 죄를 용서해주신 예수님을 비방한 이유는 무엇인가요?(마 9:2-4)

3. 예수님이 사람들에게 명확히 알려주려 하신 것은 무엇인가요?(마 9:6)

'죄용서'의 6가지 비밀

1. 하나님은 우리를 사랑하셔서 예수 그리스도를 보내주셨습니다.

"하나님이 세상을 이처럼 사랑하사 독생자를 주셨으니 이는 그를 믿는 자마다 멸망하지 않고 영생을 얻게 하려 하심이라"(요 3:16).

2. 예수님께서 이 땅에 오신 이유는 죄인을 회개시키기 위함입니다.

"내가 의인을 부르러 온 것이 아니요 죄인을 불러 회개시키러 왔노라"(눅 5:32).

3. 예수님께서 십자가에 못 박히고 피 흘리신 이유는 우리의 죄를 용서해주시기 위함입니다.

"이것은 죄 사함을 얻게 하려고 많은 사람을 위하여 흘리는바 나의 피 곧 언약의 피니라"(마 26:28).

"그가 빛 가운데 계신 것같이 우리도 빛 가운데 행하면 우리가 서로 사귐이 있고 그 아들 예수의 피가 우리를 모든 죄에서 깨끗하게 하실 것이요"(요일 1:7).

4. 나의 죄를 예수님께 고백하면 예수님이 용서해주십니다.

"만일 우리가 우리 죄를 자백하면 그는 미쁘시고 의로우사 우리 죄를 사하시며 우리를 모든 불의에서 깨끗하게 하실 것이요"(요일 1:9).

5. 예수님은 죄를 용서하는 권세를 가지고 계십니다.

"그러나 인자가 땅에서 죄를 사하는 권세가 있는 줄을 너희로 알게 하려 하노라"(막 2:10).

6. 이제 예수님을 믿는 모든 사람은 성령의 도우심으로 더 이상 정죄받지 않습니다.

"그러므로 이제 그리스도 예수 안에 있는 자에게는 결코 정죄함이 없나니 이는 그리스도 예수 안에 있는 생명의 성령의 법이 죄와 사망의 법에서 너를 해방하였음이라"(롬 8:1-2).

용서의 하나님

예수님,
전 아주 나쁜 놈이에요!
거짓말도 했구요.
남을 미워하기도 했구요.
뒤에서 수군거리기도 했구요.
…
또
…
그리고
…

아직 멀었니?
그래도 널 사랑한다고 말해야 하는데…

하나님이 자신의 죄를 용서하지 않으실 것이라고 생각하는 친구가 있다면
당신은 하나님의 용서하심을 어떻게 전하면 좋을까요?

04 하나님의 무한사랑

성경본문 호세아 1:1-10, 2:19-23
중심구절 호세아 2:23

사랑의 별점

토기고 2학년 1반 점심시간입니다. 다섯 명의 학생에게 사랑별점을 준다면?

빵 심부름하는 형동이 ☆☆☆☆☆
빵을 사오라고 괴롭히는 명주 ☆☆☆☆☆
명주를 말리는 재순이 ☆☆☆☆☆
빵 사러가는 형동이를 보며 즐거워하는 홍칠이 ☆☆☆☆☆
묵묵히 공부하는 준아 ☆☆☆☆☆

이들 중 가장 사랑하기 힘든 친구는 누구인가요?

호세아와 고멜의 이야기

호세아 1:1-10

1 웃시야와 요담과 아하스와 히스기야가
이어 유다 왕이 된 시대 곧 요아스의
아들 여로보암이 이스라엘 왕이 된 시
대에 브에리의 아들 호세아에게 임한
여호와의 말씀이라
2 여호와께서 처음 호세아에게 말씀하실
때 여호와께서 호세아에게 이르시되
너는 가서 음란한 여자를 맞이하여 음
란한 자식들을 낳으라 이 나라가 여호
와를 떠나 크게 음란함이니라 하시니
3 이에 그가 가서 디블라임의 딸 고멜을
맞이하였더니 고멜이 임신하여 아들을
낳으매
4 여호와께서 호세아에게 이르시되 그의
이름을 이스르엘이라 하라 조금 후에
내가 이스르엘의 피를 예후의 집에 갚
으며 이스라엘 족속의 나라를 폐할 것
임이니라
5 그 날에 내가 이스르엘 골짜기에서 이
스라엘의 활을 꺾으리라 하시니라
6 고멜이 또 임신하여 딸을 낳으매 여호
와께서 호세아에게 이르시되 그의 이름
을 로루하마라 하라 내가 다시는 이스
라엘 족속을 긍휼히 여겨서 용서하지
않을 것임이니라
7 그러나 내가 유다 족속을 긍휼히 여겨
그들의 하나님 여호와로 구원하겠고
활과 칼이나 전쟁이나 말과 마병으로
구원하지 아니하리라 하시니라
8 고멜이 로루하마를 젖 뗀 후에 또 임신
하여 아들을 낳으매
9 여호와께서 이르시되 그의 이름을 로
암미라 하라 너희는 내 백성이 아니요
나는 너희 하나님이 되지 아니할 것임
이니라
10 그러나 이스라엘 자손의 수가 바닷가
의 모래같이 되어서 헤아릴 수도 없고
셀 수도 없을 것이며 전에 그들에게
이르기를 너희는 내 백성이 아니라 한
그 곳에서 그들에게 이르기를 너희는
살아 계신 하나님의 아들들이라 할 것
이라

호세아 2:19-23

19 내가 네게 장가 들어 영원히 살되 공
의와 정의와 은총과 긍휼히 여김으로
네게 장가 들며
20 진실함으로 네게 장가 들리니 네가 여
호와를 알리라
21 여호와께서 이르시되 그 날에 내가 응
답하리라 나는 하늘에 응답하고 하늘
은 땅에 응답하고
22 땅은 곡식과 포도주와 기름에 응답하
고 또 이것들은 이스르엘에 응답하리
라
23 내가 나를 위하여 그를 이 땅에 심고
긍휼히 여김을 받지 못하였던 자를 긍
휼히 여기며 내 백성 아니었던 자에게
향하여 이르기를 너는 내 백성이라 하
리니 그들은 이르기를 주는 내 하나님
이시라 하리라 하시니라

1. 성경본문을 읽고 하나님께서 호세아의 삶을 통해 무엇을 말씀하시는지 빈칸에 적절한 말을 채워보세요.

호세아와 고멜	□□□ 과 □□□□
고멜을 아내로 맞은 호세아	□□□□ 을 자기 백성으로 삼으신 □□□
호세아를 버리고 다른 남자와 바람난 고멜	□□□ 을 버리고 다른 우상을 섬긴 □□□□
고멜을 끝까지 사랑한 호세아	□□□□ 을 끝까지 사랑하신 □□□

2. 이스라엘 백성들의 우상숭배를 깨닫게 하기 위해 하나님께서 호세아에게 내린 명령은 무엇인가요?(2절)

3. 호세아가 고멜과 결혼하여 낳은 자식들의 이름과 그 뜻을 연결해 보세요.

사랑하지 않음	이스르엘	이스라엘 백성은 더 이상 하나님의 백성이 아님
내 백성이 아님	로루하마	이스라엘 백성들이 하나님을 배신했으므로 심판이 있을 것임
심판이 일어난 장소	로암미	하나님께서 이스라엘 백성을 사랑하지 않으심

4. 우상을 숭배하며 영적으로 간음했던 이스라엘을 끝까지 사랑하신 하나님은 나를 어떻게 생각하실까요?

주심만만! 이렇게 물었습니다!

대한민국 크리스천 청소년들에게 물었습니다! 나의 삶 속에서 하나님의 사랑을 확인할 수 있는 증거들을 찾아보세요.

하나님이 나를 사랑하시는 가장 결정적인 증거는 바로 지금 내가 살아 숨쉬고 있다는 것입니다!

05

거듭남 1.
제2의 인생

성경본문 디도서 3:3-8 ; 고린도후서 5:17
중심구절 고린도후서 5:17

체인지

TV 프로그램 '체인지'는 한 사람의 인생역전을 도와주는 프로그램입니다. 이번 주 '체인지'의 주인공은 '스트리트 김' 씨입니다. 스트리트 김씨의 인생역전을 위해 가장 먼저 바꿔야 할 '체인지 리스트'를 만들어봅시다.

체인지 리스트

1.
2.
3.
4.

*체인지 리스트를 진행하기 위해 가장 필요한 것은 무엇일까요?

그렇다면 하나님의 말씀은 '인생역전',
곧 새로운 삶에 대해 어떻게 이야기하고 있을까요?

새로운 삶

To 사랑하는 제자 디도에게

하나님의 종이요 예수 그리스도의 사도인 나 바울이 같은 믿음을 따라 나의 참아들 된 디도에게 편지하노니 하나님 아버지와 그리스도 예수 우리 구주로부터 은혜와 평강이 네게 있을지어다

3 우리도 전에는 어리석은 자요 순종하지 아니한 자요 속은 자요 여러 가지 정욕과 행락에 종 노릇 한 자요 악독과 투기를 일삼은 자요 가증스러운 자요 피차 미워한 자였으나
4 우리 구주 하나님의 자비와 사람 사랑하심이 나타날 때에
5 우리를 구원하시되 우리가 행한바 의로운 행위로 말미암지 아니하고 오직 그의 긍휼하심을 따라 중생의 씻음과 성령의 새롭게 하심으로 하셨나니
6 우리 구주 예수 그리스도로 말미암아 우리에게 그 성령을 풍성히 부어 주사
7 우리로 그의 은혜를 힘입어 의롭다 하심을 얻어 영생의 소망을 따라 상속자가 되게 하려 하심이라
8 이 말이 미쁘도다 원하건대 너는 이 여러 것에 대하여 굳세게 말하라 이는 하나님을 믿는 자들로 하여금 조심하여 선한 일을 힘쓰게 하려 함이라 이것은 아름다우며 사람들에게 유익하니라

From 예수님의 사도 된 바울

1. 사도 바울은 변화되기 전의 모습을 어떻게 묘사하고 있나요? 밑줄을 그어보세요.

2. 죄인이었던 바울을 새롭게 변화시킨 것은 무엇일까요?(4–5절)

3. 하나님께서 우리에게 새로운 삶을 주시는 이유는 무엇일까요?(7절)

4. 고린도후서 5:17의 "그런즉 누구든지 그리스도 안에 있으면 새로운 피조물이라 이전 것은 지나갔으니 보라 새 것이 되었도다"라는 말씀에서 "그리스도 안에 있으면"이란 어떠한 삶을 의미하는 것인지 함께 생각해봅시다.

바울의 편지

To. 사랑하는 에게

먼저 그리스도 예수 안에서 새롭게 된 것을 축하한다.
자! 이제 우리가 예수 안에서 새로운 삶을 살기 위해서는 구체적인 변화가 필요하단다. 예수님이 기뻐하시는 너의 삶을 위해 가장 먼저 변화되어야 할 부분은 무엇인지 순서대로 적어보렴.

예배시간의 태도 (　　)　부모님을 대하는 태도 (　　)
친구를 대하는 태도 (　　)　시간의 활용 (　　)
취미생활 (　　)　돈을 사용하는 곳과 방법 (　　)
나의 미래에 대한 계획 (　　)

그리고 혹시 이 부분들 외에 미처 내가 생각하지 못한 것들은 무엇이 있을까? 하나님께서 너의 삶 가운데 변화를 원하시는 부분이 있다면 한번 적어보지 않겠니?

진솔하게 적어주어서 고맙구나. 하나님께서는 우리의 있는 모습 그대로를 사랑하시지만 왕의 자녀다운 모습으로 더욱 아름답게 변화되기를 원하신단다. 이 사실을 잊지 않기를 바래.
자! 이제부터 네가 고백한 대로 살아갈 수 있게 해달라고 우리 예수님께 함께 기도하며 성령의 인도하심을 따라 새로운 삶을 멋지게 살아가보자. 예수님의 크신 사랑으로 너를 사랑하고 축복한다!

From. 예수님의 사도 된 바울이

06

거듭남 2

거듭남의 축복

성경본문 에베소서 1:1-14
중심구절 에베소서 1:3

소원을 말해봐

요술램프를 발견한 당신! 램프를 마구 문질렀더니 지니가 나타났어요! 어서 소원을 말해보아요!

당신은 어떤 소원을 말하겠습니까?

하나님이 주시는 복

에베소서 1:1-14

1 하나님의 뜻으로 말미암아 그리스도 예수의 사도 된 바울은 에베소에 있는 성
도들과 그리스도 예수 안에 있는 신실한 자들에게 편지하노니
2 하나님 우리 아버지와 주 예수 그리스도로부터 은혜와 평강이 너희에게 있을
지어다
3 찬송하리로다 하나님 곧 우리 주 예수 그리스도의 아버지께서 그리스도 안에
서 하늘에 속한 모든 신령한 복을 우리에게 주시되
4 곧 창세 전에 그리스도 안에서 우리를 택하사 우리로 사랑 안에서 그 앞에 거
룩하고 흠이 없게 하시려고
5 그 기쁘신 뜻대로 우리를 예정하사 예수 그리스도로 말미암아 자기의 아들들
이 되게 하셨으니
6 이는 그가 사랑하시는 자 안에서 우리에게 거저 주시는바 그의 은혜의 영광을
찬송하게 하려는 것이라
7 우리는 그리스도 안에서 그의 은혜의 풍성함을 따라 그의 피로 말미암아 속량
곧 죄 사함을 받았느니라
8 이는 그가 모든 지혜와 총명을 우리에게 넘치게 하사
9 그 뜻의 비밀을 우리에게 알리신 것이요 그의 기뻐하심을 따라 그리스도 안에
서 때가 찬 경륜을 위하여 예정하신 것이니
10 하늘에 있는 것이나 땅에 있는 것이 다 그리스도 안에서 통일되게 하려 하심
이라
11 모든 일을 그의 뜻의 결정대로 일하시는 이의 계획을 따라 우리가 예정을 입
어 그 안에서 기업이 되었으니
12 이는 우리가 그리스도 안에서 전부터 바라던 그의 영광의 찬송이 되게 하려
하심이라
13 그 안에서 너희도 진리의 말씀 곧 너희의 구원의 복음을 듣고 그 안에서 또한
믿어 약속의 성령으로 인치심을 받았으니
14 이는 우리 기업의 보증이 되사 그 얻으신 것을 속량하시고 그의 영광을 찬송
하게 하려 하심이라

1. 한 죄인이 예수 그리스도를 구주로 영접하고 하나님의 자녀로 거듭나게 되면 여러 가지 복을 받게 됩니다. 본문을 읽고, 아래의 복주머니 속에서 '하나님이 주시는 복'(엡 1:5), '예수님이 주시는 복'(엡 1:7–11), '성령님이 주시는 복'(엡 1:13–14)을 찾아 표시해보세요(하나님의 복=♡, 예수님의 복=☆, 성령님의 복=○).

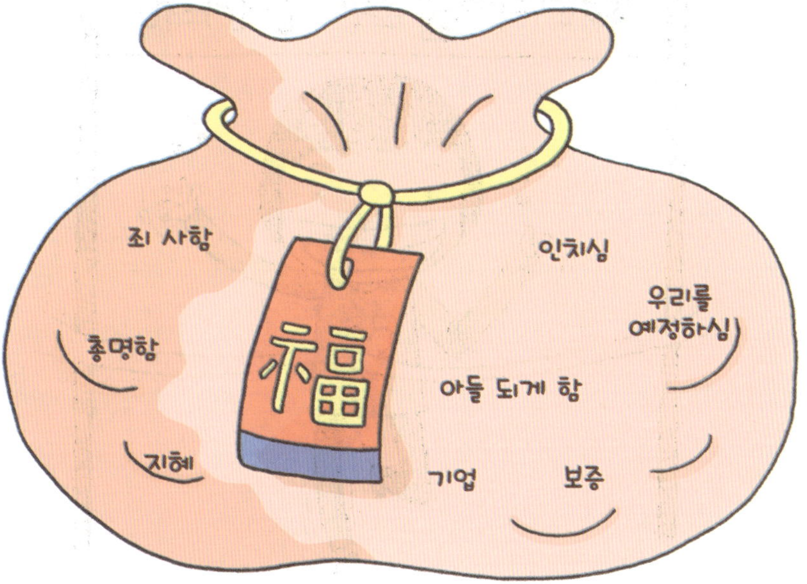

2. 하나님께서 주시는 복을 받기 위해 내가 할 일은?

오랫동안 죄 가운데 빠져 더럽기가 한량 없던 우리들
아무 공로 없이 구원함을 얻어 하나님의 자녀 지금 되었네
새찬송가 284장 중에서

거듭난 우리에게 최고의 복은 무엇일까요?

07

거듭남 3.

성장의 비밀

성경본문 골로새서 2:1-7 ; 에베소서 4:13-14
중심구절 골로새서 2:6-7

아이들의 병명은?

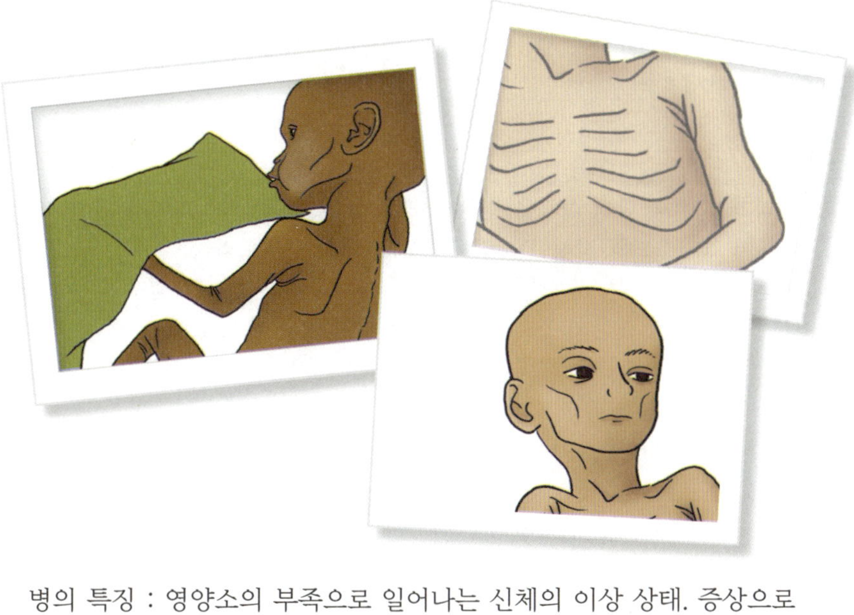

병의 특징 : 영양소의 부족으로 일어나는 신체의 이상 상태. 증상으로는 빈혈, 부종(浮腫), 설사, 피로감, 느린 맥박 등이 있다.

병명 : □□□□

성장의 비밀

골로새서 2:1-7

1 내가 너희와 라오디게아에 있는 자들과 무릇 내 육신의 얼굴을 보지 못한 자들
을 위하여 얼마나 힘쓰는지를 너희가 알기를 원하노니
2 이는 그들로 마음에 위안을 받고 사랑 안에서 연합하여 확실한 이해의 모든
풍성함과 하나님의 비밀인 그리스도를 깨닫게 하려 함이니
3 그 안에는 지혜와 지식의 모든 보화가 감추어져 있느니라
4 내가 이것을 말함은 아무도 교묘한 말로 너희를 속이지 못하게 하려 함이니
5 이는 내가 육신으로는 떠나 있으나 심령으로는 너희와 함께 있어 너희가 질서
있게 행함과 그리스도를 믿는 너희 믿음이 굳건한 것을 기쁘게 봄이라
6 그러므로 너희가 그리스도 예수를 주로 받았으니 그 안에서 행하되
7 그 안에 뿌리를 박으며 세움을 받아 교훈을 받은 대로 믿음에 굳게 서서 감사
함을 넘치게 하라

에베소서 4:13-14

13 우리가 다 하나님의 아들을 믿는 것과 아는 일에 하나가 되어 온전한 사람을
이루어 그리스도의 장성한 분량이 충만한 데까지 이르리니
14 이는 우리가 이제부터 어린아이가 되지 아니하여 사람의 속임수와 간사한 유
혹에 빠져 온갖 교훈의 풍조에 밀려 요동하지 않게 하려 함이라

1. 사도 바울이 전한 성장의 비결은 무엇일까요?

골로새서 2:2

에베소서 4:13

2. 거듭난 사람은 무엇을 조심해야 하나요?(골 2:4 ; 엡 4:14)

3. 거듭난 사람이 성장하기 위해서는 어떻게 해야 하나요?(골 2:6-7)

4. 사도 바울은 우리의 신앙이 그리스도의 분량까지 성장해야 한다고 말합니다(엡 4:13). 그렇다면 지금 나의 신앙은 어디쯤인지 '신앙 키재기자'에 표시해보세요.

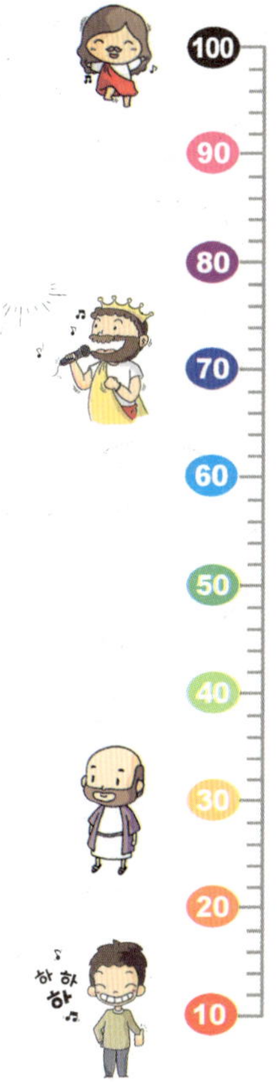

5. 나의 신앙이 성장하기 위해 가장 먼저 고쳐야 할 부분은 무엇일까요?

신앙의 건강식단

무엇을 먹어야 예수님 안에서 굳건한 믿음을 가질 수 있을까요? 여러분의 식탁에 건강한 신앙성장을 위한 밥상을 차려보세요.

지금 당신의 영혼은 굶고 있지 않나요?

08

거듭남 4.

구원의 확신

성경본문 요한복음 3:16 ; 요한일서 3:21-24, 5:9-12
중심구절 요한복음 3:16

있다! 없다?

이순신 장군은?

있다 ☐ 없다 ☐

증거 :

날개 달린 강아지는?

있다 ☐ 없다 ☐

증거 :

공기는?

있다 ☐ 없다 ☐

증거 :

천국과 지옥은?

있다 ☐ 없다 ☐

증거 :

당신이 가지고 있는 확신의 기준은 무엇인가요?

또 증거는 이것이니

1. 다음 물음에 먼저 자기 생각을 적어보세요(예=○/ 잘모르겠음=△/ 아니오=×). 그 후에 성경말씀을 찾아서 어떻게 말하고 있는지 적어보세요.

하나님은 나를 사랑하신다?(요 3:16)

내 생각에는

성경말씀은

내 안에 하나님 있다?(요일 3:24)

내 생각에는

성경말씀은

나는 천국에 갈 수 있을까?(요일 5:11)

내 생각에는

성경말씀은

하나님은 내가 어떻게 살기를 원하실까?(요일 3:23)

내 생각에는

성경말씀은

요한복음 3:16 하나님이 세상을 이처럼 사랑하사 독생자를 주셨으니 이는 그를 믿는 자마다 멸망하지 않고 영생을 얻게 하려 하심이라

요한일서 3:21-24

21 사랑하는 자들아 만일 우리 마음이 우리를 책망할 것이 없으면 하나님 앞에서 담대함을 얻고
22 무엇이든지 구하는 바를 그에게서 받나니 이는 우리가 그의 계명을 지키고 그 앞에서 기뻐하시는 것을 행함이라
23 그의 계명은 이것이니 곧 그 아들 예수 그리스도의 이름을 믿고 그가 우리에게 주신 계명대로 서로 사랑할 것이니라
24 그의 계명을 지키는 자는 주 안에 거하고 주는 그의 안에 거하시나니 우리에게 주신 성령으로 말미암아 그가 우리 안에 거하시는 줄을 우리가 아느니라

요한일서 5:9-12

9 만일 우리가 사람들의 증언을 받을진대 하나님의 증거는 더욱 크도다 하나님의 증거는 이것이니 그의 아들에 대하여 증언하신 것이니라
10 하나님의 아들을 믿는 자는 자기 안에 증거가 있고 하나님을 믿지 아니하는 자는 하나님을 거짓말하는 자로 만드나니 이는 하나님께서 그 아들에 대하여 증언하신 증거를 믿지 아니하였음이라
11 또 증거는 이것이니 하나님이 우리에게 영생을 주신 것과 이 생명이 그의 아들 안에 있는 그것이니라
12 아들이 있는 자에게는 생명이 있고 하나님의 아들이 없는 자에게는 생명이 없느니라

2. 내가 거듭났다는 것을 어떻게 확신할 수 있을까요?(요일 5:9-10)

이런 생각해 보셨나요?

당신은 꽃병과는 비교할 수 없을 정도로 소중한 하나님의 자녀입니다.
예수님은 당신을 위해 십자가에 못박혀 당신 대신 죽으셨습니다!

Togijangi Bible study teen series

2

그리스도인의 삶

01 예수님을 만난 후 • 02 주님만 높이는 삶 • 03 진정한 기쁨이란 •
04 서로 사랑하기 • 05 남을 향한 손가락 •
06 가장 어려운 일, 용서 • 07 선한 영향력을 미치는 삶 • 08 하늘에 속한 그리스도인

01 예수님을 만난 후

성경본문 누가복음 19:1-10
중심구절 누가복음 19:10

틀린 그림 찾기

* 모두 5곳

삭개오의 틀린 그림 찾기

누가복음 19:1-10

1 예수께서 여리고로 들어가 지나가시더라
2 삭개오라 이름하는 자가 있으니 세리장이요 또한 부자라
3 그가 예수께서 어떠한 사람인가 하여 보고자 하되 키가 작고 사람이 많
아 할 수 없어
4 앞으로 달려가서 보기 위하여 돌무화과나무에 올라가니 이는 예수께서 그
리로 지나가시게 됨이러라
5 예수께서 그 곳에 이르사 쳐다보시고 이르시되 삭개오야 속히 내려오라 내가
오늘 네 집에 유하여야 하겠다 하시니
6 급히 내려와 즐거워하며 영접하거늘
7 뭇사람이 보고 수군거려 이르되 저가 죄인의 집에 유하러 들어갔도다 하더라
8 삭개오가 서서 주께 여짜오되 주여 보시옵소서 내 소유의 절반을 가난한 자
들에게 주겠사오며 만일 누구의 것을 빼앗은 일이 있으면 네 갑절이나
갚겠나이다
9 예수께서 이르시되 오늘 구원이 이 집에 이르렀으니 이 사람도
아브라함의 자손임이로다
10 인자가 온 것은 잃어버린 자를 찾아 구원하려 함
이니라

1. 예수님을 만나기 전 삭개오는 어떤 사람이었나요?
틀린 말풍선을 찾아 고쳐보세요.

2. 삭개오가 돌무화과나무에 올라간 이유는 무엇인가요?(3-4절)

3. 삭개오는 예수님을 만난 후 어떻게 변하였나요?(8절)

4. 나의 삶의 '틀린 그림'은 무엇일까요? 있다면 자신의 암호로 적어보세요.
(예: 게으름 ⇒ ㄱㅇㄹ)

내 삶의 틀린 그림

예수님을 만나면!

예수님을 만나면 내 삶의 틀린 그림이 보여요!
예수님을 만나면 예수님과 함께 웃을 수 있어요!

예수께서 … 쳐다보시고 이르시되 삭개오야 속히 내려오라
내가 오늘 네 집에 유하여야 하겠다 하시니 급히 내려와 즐거워하며 영접하거늘
(누가복음 19:5)

02 주님만 높이는 삶

성경본문 출애굽기 20:1-6 ; 신명기 6:4-5 ; 마태복음 4:8-10
중심구절 신명기 6:4-5

내 인생의 최고봉

당신의 인생에서 가장 중요한 것은?(그림에 없는 것도 적어보세요!)

직장

결혼

아기

돈

가족

친구

1순위 ______ 2순위 ______ 3순위 ______

인생의 첫 계명

하나님의 명령 : 출애굽기 20:1-6

1 하나님이 이 모든 말씀으로 말씀하여 이르시되
2 나는 너를 애굽 땅, 종 되었던 집에서 인도하여 낸 네 하나님 여호와니라
3 너는 나 외에는 다른 신들을 네게 두지 말라
4 너를 위하여 새긴 우상을 만들지 말고 또 위로 하늘에 있는 것이나 아래로
땅에 있는 것이나 땅 아래 물 속에 있는 것의 어떤 형상도 만들지 말며
5 그것들에게 절하지 말며 그것들을 섬기지 말라 나 네 하나님 여호와는 질
투하는 하나님인즉 나를 미워하는 자의 죄를 갚되 아버지로부터 아들에게
로 삼사 대까지 이르게 하거니와
6 나를 사랑하고 내 계명을 지키는 자에게는 천 대까지 은혜를 베푸느니라

1. 하나님이 철저하게 금하신 일은 무엇인가요?(출 20:3-5)

2. 사탄은 자기에게 엎드려 경배하면 온 세상과 그 영광을 주겠다고 예수님을 유혹하였습니다. 예수님은 어떻게 이 유혹을 물리치셨을까요?(마 4:10)

마태복음 4:8-10

8 마귀가 또 그를 데리고 지극히 높은 산으로 가서 천하 만국과 그 영광을 보여
9 이르되 만일 내게 엎드려 경배하면 이 모든 것을 네게 주리라
10 이에 예수께서 말씀하시되 사탄아 물러가라 기록되었으되 주 너의 하나님
께 경배하고 다만 그를 섬기라 하였느니라

모세의 마지막설교 : 신명기 6:4-5

4 이스라엘아 들으라 우리 하나님 여호와는 오직 유일한 여호와이시니
5 너는 마음을 다하고 뜻을 다하고 힘을 다하여 네 하나님 여호와를 사랑하라

3. 우리는 하나님을 어떻게 사랑해야 할까요?(신 6:5)

돌아서세요

당신의 모습은 어떻습니까?
예수님은 당신과 마주보고 계신가요?
아니면 여전히 당신의 뒷모습을 바라보고 계신가요?

03 진정한 기쁨이란

성경본문 열왕기상 3:3-15, 11:1-3
중심구절 열왕기상 3:14

어떤 것부터?

당신의 집에 불이 났습니다! 가장 중요한 물건 3가지만 챙길 수 있다면 무엇을 가져가겠습니까?

1.

2.

3.

솔로몬의 흥망성쇠

열왕기상 3:3-15

3 솔로몬이 여호와를 사랑하고 그의 아
버지 다윗의 법도를 행하였으나 산당
에서 제사하며 분향하더라
4 이에 왕이 제사하러 기브온으로 가니
거기는 산당이 큼이라 솔로몬이 그 제
단에 일천 번제를 드렸더니
5 기브온에서 밤에 여호와께서 솔로몬의
꿈에 나타나시니라 하나님이 이르시되
내가 네게 무엇을 줄꼬 너는 구하라
6 솔로몬이 이르되 주의 종 내 아버지 다
윗이 성실과 공의와 정직한 마음으로
주와 함께 주 앞에서 행하므로 주께서
그에게 큰 은혜를 베푸셨고 주께서 또
그를 위하여 이 큰 은혜를 항상 주사
오늘과 같이 그의 자리에 앉을 아들을
그에게 주셨나이다
7 나의 하나님 여호와여 주께서 종으로
종의 아버지 다윗을 대신하여 왕이 되
게 하셨사오나 종은 작은 아이라 출입
할 줄을 알지 못하고
8 왕께서 택하신 백성 가운데 있나이다
그들은 큰 백성이라 수효가 많아서 셀
수도 없고 기록할 수도 없사오니
9 누가 주의 이 많은 백성을 재판할 수
있사오리이까 듣는 마음을 종에게 주
사 주의 백성을 재판하여 선악을 분별
하게 하옵소서
10 솔로몬이 이것을 구하매 그 말씀이 주
의 마음에 든지라
11 이에 하나님이 그에게 이르시되 네가
이것을 구하도다 자기를 위하여 장수
하기를 구하지 아니하며 부도 구하지
아니하며 자기 원수의 생명을 멸하기
도 구하지 아니하고 오직 송사를 듣고
분별하는 지혜를 구하였으니
12 내가 네 말대로 하여 네게 지혜롭고
총명한 마음을 주노니 네 앞에도 너와
같은 자가 없었거니와 네 뒤에도 너와
같은 자가 일어남이 없으리라
13 내가 또 네가 구하지 아니한 부귀와
영광도 네게 주노니 네 평생에 왕들
중에 너와 같은 자가 없을 것이라
14 네가 만일 네 아버지 다윗이 행함 같
이 내 길로 행하며 내 법도와 명령을
지키면 내가 또 네 날을 길게 하리라
15 솔로몬이 깨어 보니 꿈이더라 이에 예
루살렘에 이르러 여호와의 언약궤 앞
에 서서 번제와 감사의 제물을 드리고
모든 신하들을 위하여 잔치하였더라

열왕기상 11:1-3

1 솔로몬 왕이 바로의 딸 외에 이방의 많
은 여인을 사랑하였으니 곧 모압과 암
몬과 돔과 시돈과 헷 여인이라
2 여호와께서 일찍이 이 여러 백성에 대
하여 이스라엘 자손에게 말씀하시기를
너희는 그들과 서로 통혼하지 말며 그
들도 너희와 서로 통혼하게 하지 말라
그들이 반드시 너희의 마음을 돌려 그
들의 신들을 따르게 하리라 하셨으나
솔로몬이 그들을 사랑하였더라
3 왕은 후궁이 칠백 명이요 첩이 삼백 명
이라 그의 여인들이 왕의 마음을 돌아
서게 하였더라

1. 솔로몬이 여호와 하나님을 사랑하여 하나님께 드린 것은 무엇인가요?(왕상 3:3-4)

2. 빈칸에 해당 말씀구절을 찾아 솔로몬의 인생굴곡그래프를 완성해봅시다.

기쁨지수 = 하나님과의 친밀함

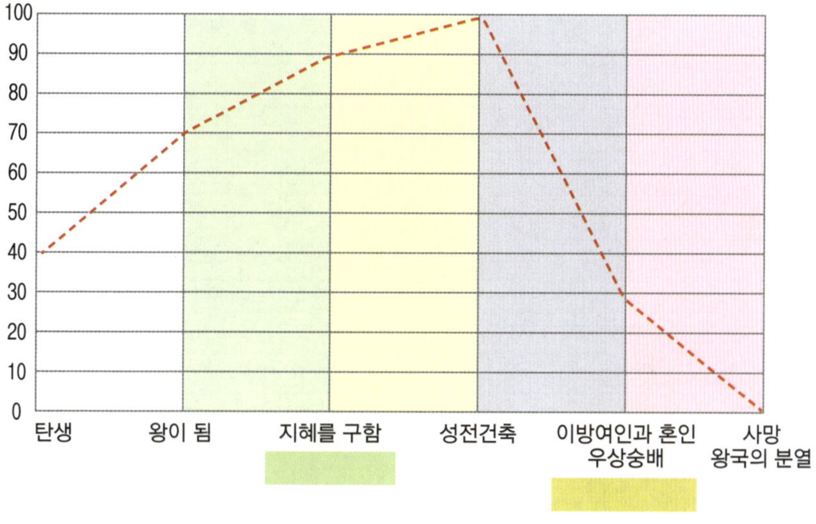

3. 솔로몬을 기쁘게 한 진짜 기쁨은 무엇인가요?(왕상 3:3)

4. 솔로몬을 망하게 한 가짜 기쁨은 무엇인가요?(왕상 11:2)

나의 인생굴곡그래프

나의 인생굴곡그래프는 어떤가요? 또 앞으로의 그래프는 어떻게 그려질까요?

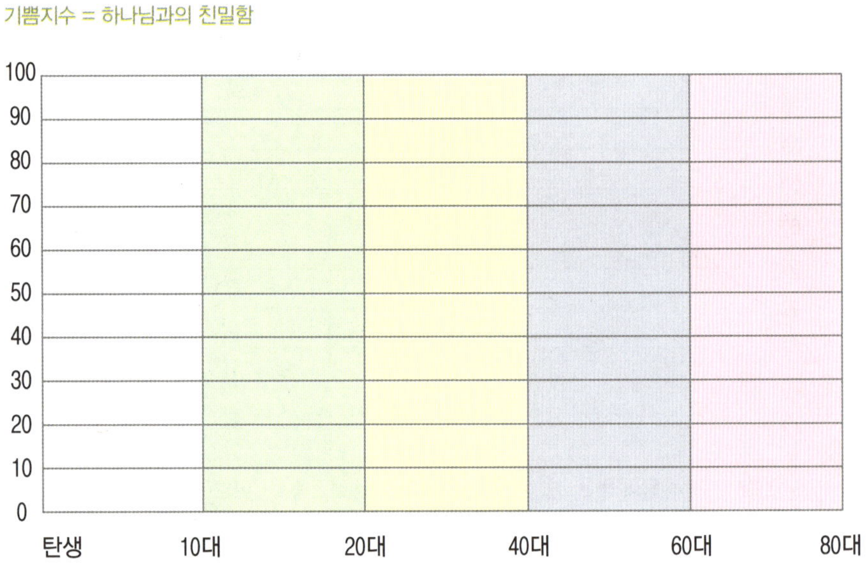

참된 행복! 하나님 사랑으로 시작하세요!

04 서로 사랑하기

성경본문 고린도전서 13:4-8 ; 요한일서 4:7-8,11-12,19-21
중심구절 요한일서 4:21

하트게임

숫자 1부터 8이 적힌 쪽지를 준비한 후 접어서 잘 섞은 후 하나씩 뽑아주세요.
적혀 있는 숫자와 일치하는 물음에 답해봅시다.

1. '사랑' 하면 떠오르는 장소는? 왜?

2. 내가 생각하는 사랑이란?

3. 엉덩이로 하트 3개 그리기!

4. 나를 가장 많이 사랑하는 사람이 있다면?

5. 내 인생의 첫사랑은 누구?

6. 내가 받고 싶은 사랑고백은?

7. 지금 내가 가장 사랑하는 사람은?

8. 나는 사랑하면 이렇게 할 것이다! 3가지 말하기!

서로 사랑해요

요한일서 4장

7 사랑하는 자들아 우리가 서로 사랑하자 사랑은 하나님께 속한 것이니 사랑하
는 자마다 하나님으로부터 나서 하나님을 알고
8 사랑하지 아니하는 자는 하나님을 알지 못하나니 이는 하나님은 사랑이심이라
11 사랑하는 자들아 하나님이 이같이 우리를 사랑하셨은즉 우리도 서로 사랑하
는 것이 마땅하도다
12 어느 때나 하나님을 본 사람이 없으되 만일 우리가 서로 사랑하면 하나님이
우리 안에 거하시고 그의 사랑이 우리 안에 온전히 이루어지느니라
19 우리가 사랑함은 그가 먼저 우리를 사랑하셨음이라
20 누구든지 하나님을 사랑하노라 하고 그 형제를 미워하면 이는 거짓말하는 자
니 보는바 그 형제를 사랑하지 아니하는 자는 보지 못하는바 하나님을 사랑할
수 없느니라
21 우리가 이 계명을 주께 받았나니 하나님을 사랑하는 자는 또한 그 형제를 사
랑할지니라

고린도전서 13:4-8

4 사랑은 오래 참고 사랑은 온유하며 시기하지 아니하며 사랑은 자랑하지 아니
하며 교만하지 아니하며
5 무례히 행하지 아니하며 자기의 유익을 구하지 아니하며 성내지 아니하며 악
한 것을 생각하지 아니하며
6 불의를 기뻐하지 아니하며 진리와 함께 기뻐하고
7 모든 것을 참으며 모든 것을 믿으며 모든 것을 바라며 모든 것을 견디느니라
8 사랑은 언제까지나 떨어지지 아니하되 예언도 폐하고 방언도 그치고 지식도
폐하리라

1. 주님께서 우리에게 주신 계명은 무엇인가요?(요일 4:21)

2. 한 사람의 그리스도인이 진심으로 하나님을 사랑하는지 어떻게 알 수 있을까요?
(요일 4:20)

3. 성경말씀에서는 사랑에 대해 어떻게 표현하였나요?(사랑이 맞다면 ♡, 아니면 X)

	내가 아무나 친구하는 줄 알아? (고전 13:5)		인터넷인데 뭐 어때? 독설도 사랑이라구! (고전 13:6)	
친구끼리 욕도 못해? 그게 무슨 친구야? (고전 13:5)	내 삶의 원칙! 딱 세 번만 참자! (고전 13:4)	웃는 얼굴에 침 못뱉지. 언제나 미소천사 (고전 13:4)	남들이 뭘 하든 나랑 무슨 상관이야? (고전 13:7)	아무리 생각해도 내가 최고야! (고전 13:4)
엄마는 맨날 동생만 예뻐해! (고전 13:4)	왼손이 한 일 오른손 모르게! 남몰래 돕자! (고전 13:4)	나를 험담하는 친구 칭찬하기 (고전 13:5)	따돌림 당하는 친구의 절친되기 (고전 13:5)	사랑도 유효기간이 있어요 (고전 13:8)
	화가 날 땐 쿨하게 이야기한다 (고전 13:5)	비록 500원이라도… 노숙자 섬기기 (고전 13:4)	반에서 1등? 그정도면 자랑할 만하지! (고전 13:4)	
		내 답을 커닝한 친구에게 "그럼 안 돼!" (고전 13:6)		

사랑할까요?

이번 한 주 실천할 수 있는 사랑의 방법들을 십자가에 채워보세요.

05 남을 향한 손가락

성경본문 마태복음 7:1-5 ; 누가복음 6:36-37
중심구절 마태복음 7:1

가장 기분 나쁜 말 Best 3

당신이 친구들로부터 아래와 같은 말들을 들었다고 가정해보고 마음에 가장 상처가 되는 3가지를 골라 번호를 매겨 봅시다.

외모 비하 발언
"너 진짜 웃기게 생겼다"
"너 키 진짜 작다"

성격 비하 발언
"너 진짜 못됐다"
"성질 한번 더럽네!"

패션 감각에 대한 비판
"너 옷 진짜 못 입는다"
"너 신발 정말 안 어울려"

내 성적에 대한 비아냥
"넌 똑똑하게는 생겼는데, 성적은 왜 그러냐?"

내가 속한 공동체를 비난
"학교나 교회, 학원 등이 이상하다고 할 때"

내 말투에 대한 나무람
"너는 왜 말을 그렇게 하냐?"
"너 발음 새더라"

내가 좋아하는 스타를 깎아 내릴 때
"000가 뭐가 좋냐? 000가 훨씬 낫다"

다른 애들이 욕하는 걸 전해줄 때
"어떤 애가 너 진짜 재수 없대"

다른 사람이 당신을 헐뜯을 때 기분이 어떻습니까?
이토록 우리를 가슴 아프게 하는 비판의 말들을 왜 하는 것일까요?

부메랑 심판

마태복음 7:1-5

1 비판을 받지 아니하려거든 비판하지 말라
2 너희가 비판하는 그 비판으로 너희가 비판을 받을 것이요 너희가 헤아리는 그
헤아림으로 너희가 헤아림을 받을 것이니라
3 어찌하여 형제의 눈 속에 있는 티는 보고 네 눈 속에 있는 들보는 깨닫지 못하
느냐
4 보라 네 눈 속에 들보가 있는데 어찌하여 형제에게 말하기를 나로 네 눈 속에
있는 티를 빼게 하라 하겠느냐
5 외식하는 자여 먼저 네 눈 속에서 들보를 빼어라 그 후에야 밝히 보고 형제의
눈 속에서 티를 빼리라

누가복음 6:36-37

36 너희 아버지의 자비로우심같이 너희도 자비로운 자가 되라
37 비판하지 말라 그리하면 너희가 비판을 받지 않을 것이요 정죄하지 말라 그리
하면 너희가 정죄를 받지 않을 것이요 용서하라 그리하면 너희가 용서를 받을
것이요

1. 예수님은 우리가 한 일이 어떻게 돌아온다고 말씀하셨나요?(마 7:1-2 ; 눅 6:36)

비판하면 ⋯›

헤아리면 ⋯›

정죄하면 ⋯›

용서하면 ⋯›

2. 자기 잘못은 모르고 남의 잘못만 크게 보는 사람에 대한 비유는?(마 7:3-5)

3. 다음 보기 중에 당신의 비판 습관을 줄여 줄, 가장 맘에 드는 문장 세 개를 골라 '비판 습관을 줄여주는 나만의 10초 목록'을 만들어 봅시다.

- 남을 비판하고 싶은 마음이 들 때 먼저 3초라도 생각해보겠다.
- 남을 비판하거나 헐뜯기에 앞서 이것이 사실인지 먼저 알아보겠다.
- 나에게는 그런 문제가 없나 살펴보겠다.
- 내가 남을 판단하는 것이 과연 옳은 것인가 생각해 보겠다.
- 누구에게나 장단점이 있다는 사실을 늘 기억하겠다.
- 다른 사람에게 나 자신에 대해 자랑하지 않도록 조심하겠다.
- 다른 사람의 잘못에 대해 말할 때는 그의 앞에서 떳떳하게 이야기하겠다.

비판하지 말자!

손가락으로 남의 잘못을 지적하거나
비난하지 말라.

비난하고 지적하는 손을 자세히 보면
손가락 하나는 상대방을 가리키지만
감추어진 세 개의 손가락은 나를 향해 있다.

손가락을 모두 펴고 그 손으로 축복하라.

당신의 도움이 필요한 곳에는
아름다운 나눔의 손길을,
당신의 위로가 필요한 곳에는
따뜻한 어루만짐을 베풀라.
당신의 손은 귀한 손이 될 것이다.

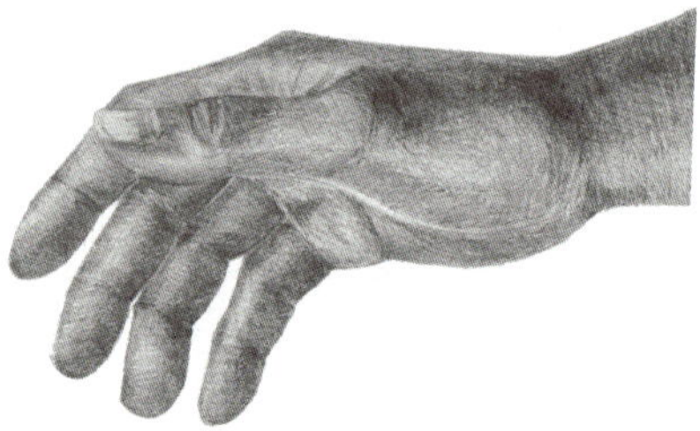

다른 사람을 비판하기에 앞서 나의 행동이나 말에는 잘못이 없었는지 생각해보고 남을 비판하지 않도록 하나님께 도움을 구하는 기도문을 써보세요.

하나님께서 우리 손을 지으셨을 때, 그 손은 손가락질하는 손이 아니라 섬기는 손, 사랑하는 손, 감싸 안는 손, 축복하는 손이 되기 원하셨습니다.

06 가장 어려운 일, 용서

성경본문　마태복음 18:21-35
중심구절　마태복음 6:14-15

내 잘못을 대하는 우리 엄마의 유형은?

A 타입 : 위협형

특징 : 잘못을 과대평가하며 살기등등한 모습으로 각종 협박을 가함

B 타입 : 변덕형

특징 : 엄마의 컨디션에 따라 다른 처벌이 예상되며 엄마 기분 나쁜 날 걸리면 끝장임

C 타입 : 무한반복형

특징 : 예전에 했던 잘못을 줄줄이 나열하며 무한반복으로 혼냄

그렇다면 다른 사람의 잘못을 대하는 당신은 어떤 타입입니까?

빚진 자의 비유

마태복음 18:21-35

21 그 때에 베드로가 나아와 이르되 주여 형제가 내게 죄를 범하면 몇 번이나 용
서하여 주리이까 일곱 번까지 하오리이까
22 예수께서 이르시되 네게 이르노니 일곱 번뿐 아니라 일곱 번을 일흔 번까지라
도 할지니라
23 그러므로 천국은 그 종들과 결산하려 하던 어떤 임금과 같으니
24 결산할 때에 만 달란트 빚진 자 하나를 데려오매
25 갚을 것이 없는지라 주인이 명하여 그 몸과 아내와 자식들과 모든 소유를 다
팔아 갚게 하라 하니
26 그 종이 엎드려 절하며 이르되 내게 참으소서 다 갚으리이다 하거늘
27 그 종의 주인이 불쌍히 여겨 놓아 보내며 그 빚을 탕감하여 주었더니
28 그 종이 나가서 자기에게 백 데나리온 빚진 동료 한 사람을 만나 붙들어 목을
잡고 이르되 빚을 갚으라 하매
29 그 동료가 엎드려 간구하여 이르되 나에게 참아 주소서 갚으리이다 하되되
30 허락하지 아니하고 이에 가서 그가 빚을 갚도록 옥에 가두거늘
31 그 동료들이 그것을 보고 몹시 딱하게 여겨 주인에게 가서 그 일을 다 알리니
32 이에 주인이 그를 불러다가 말하되 악한 종아 네가 빌기에 내가 네 빚을 전부
탕감하여 주었거늘
33 내가 너를 불쌍히 여김과 같이 너도 네 동료를 불쌍히 여김이 마땅하지 아니
하냐 하고
34 주인이 노하여 그 빚을 다 갚도록 그를 옥졸들에게 넘기니라
35 너희가 각각 마음으로부터 형제를 용서하지 아니하면 나의 하늘 아버지께서
도 너희에게 이와 같이 하시리라

---

1. "주여 형제가 내게 죄를 범하면 몇 번이나 용서하여 주리이까? 일곱 번이면 되겠습니까?"라고 질문하는 베드로가 예수님에게 기대했던 대답은 무엇이었을까요?

2. 본문의 인물들의 감정과 각 행동에 대해 당신은 어떤 감정이 들었는지 보기를 보고 써보세요.

보기

분노, 존경, 두려움, 괘씸함, 불쌍함, 부끄러움, 만족, 기쁨, 찬성, 불만, 슬픔, 실망

① 왕이 종을 용서할 때

② 왕의 용서를 바라는 종의 심정은

③ 자비를 구하는 백 데나리온 빚진 자에 대해

④ 백 데나리온 빚진 동료에 대한 종의 반응에 대해

⑤ 첫 번째 종의 행위를 왕에게 고한 다른 종들의 모습에 대해

⑥ 악한 행동으로 인해 왕에게 벌 받는 첫 번째 종에 대해

3. 본문의 인물과 사건은 누구(무엇)를 의미하나요?

왕 ⋯›

일 만 달란트 빚진 자 ⋯›

백 데나리온 빚진 자 ⋯›

탕감 받음 ⋯›

4. 본문을 통해 당신은 하나님의 용서에 대해 어떠한 교훈을 배웠나요?

아직도 끝나지 않은 용서

시험을 앞둔 어느 날, 토리는 친구들과 게임을 하다가 학원을 빠지고… 집에 왔을 때, 학원에서 이미 전화가 온 뒤였는데…
크헉! 들.켰.다!
너 학원 빠지고 뭐하고 돌아다니냐, 정신이 있는 거야 없는거야!
엄마 분노 대폭발
그래, 니가 그렇게 용서를 빈다면야…
나는야, 쿨~한 엄마!
휴우~ 살았다^^
엄마, 이 불효자식을 용서해주세여! 일부러 그런건 아니구여…흑흑
잘못을 비는 토리군을 엄마는 용서해주었습니다… 그.러.나
엄마는 잊을만하면 그 일을 말씀하시며 토리군을 의심했지요.
SUDDEN ATTACK
자…잠깐 쉬는 시간인데
크헉! 잊을만하면… ㅠ.ㅠ
또 게임이냐? 지난번에 학원 빠지더니 혹시 너 요즘도…
블라블라블라~
"엄마, 전 엄마가 그 일을 용서하신 줄 알았는데요."
아아… 이젠 한계야!
"난 용서하고 잊었단다. 하지만 내가 널 용서하고 잊어주었다는 것을 네가 잊지 않았으면 좋겠구나."
허…허헉!
우리에게 '완전한 용서'란 쉬운 일이 아닙니다. 누군가를 용서하더라도, 용서해준 사실을 그가 잊지 않기를 바라곤 합니다. 그러나 완전한 용서란 잊어버리고 다시 생각하지 않는 것입니다. 하나님이 우리에게 베푸신 용서는 바로 이런 것입니다.

07 선한 영향력을 미치는 삶

성경본문 에스더 3:1-4,8-9, 4:1-17, 8:1-13
중심구절 에스더 4:14

내가 도와주어야 할 사람은 누구인가?

당신의 가족, 학교, 교회, 친한 친구 중 한 사람을 괄호 안에 적어보세요.

	가족 ( )	학교 ( )	교회 ( )	친한 친구 ( )
그 사람과 평소에 함께하는 일을 한 가지만 적는다면?				
그 사람과 한 주 동안 함께 보낸 시간은?				
당신이 그 사람에게 주고 있는 나쁜 영향은?				
당신이 그 사람에게 주고 있는 좋은 영향은?				

에스더의 영향력

등장인물

에스더

- BC 500년경 페르시아의 수도 수산성에 살았던 아름다운 유대 여인입니다.
- 어린 시절 부모를 잃고 사촌오빠 모르드개의 양녀가 되었습니다.
- 페르시아의 미인선발대회에서 뽑혀 아하수에로 왕의 새 왕비가 되었습니다.
- 유대 백성을 구하기 위해 목숨을 내걸었던 신앙인이었습니다.

하만

- 교활하고 교만한 수산성의 2인자
- 자기에게 인사하지 않은 모르드개에게 앙심을 품고 유대인을 멸하려 합니다.

모르드개

- 에스더의 사촌오빠
- 하나님만 경외하는 신실한 사람

이야기 속으로

장면 1.궁궐 문지기 모르드개가 하만에게 절하지 않은 일로 미움을 삼 : 에 3:1-4

1 그 후에 아하수에로 왕이 아각 사람 함므다다의 아들 하만의 지위를 높이 올려 함께
있는 모든 대신 위에 두니
2 대궐 문에 있는 왕의 모든 신하들이 다 왕의 명령대로 하만에게 꿇어 절하되 모르드
개는 꿇지도 아니하고 절하지도 아니하니
3 대궐 문에 있는 왕의 신하들이 모르드개에게 이르되 너는 어찌하여 왕의 명령을 거역
하느냐 하고
4 날마다 권하되 모르드개가 듣지 아니하고 자기는 유다인임을 알렸더니 그들이 모르
드개의 일이 어찌 되나 보고자 하여 하만에게 전하였더라

장면 2. 하만이 왕에게 재산을 바치며 유대 백성들을 처형하라고 간구함 : 에 3:8-9

8 하만이 아하수에로 왕에게 아뢰되 한 민족이 왕의 나라 각 지방 백성 중에 흩어져 거
하는데 그 법률이 만민의 것과 달라서 왕의 법률을 지키지 아니하오니 용납하는 것이
왕에게 무익하니이다
9 왕이 옳게 여기시거든 조서를 내려 그들을 진멸하소서 내가 은 일만 달란트를 왕의
일을 맡은 자의 손에 맡겨 왕의 금고에 드리리이다 하니

장면 3. 모르드개가 이 일로 왕비에게 간청함 : 에 4:1-8

1 모르드개가 이 모든 일을 알고 자기의 옷을 찢고 굵은 베 옷을 입고 재를 뒤집어쓰고
성중에 나가서 대성 통곡하며
2 대궐 문 앞까지 이르렀으니 굵은 베 옷을 입은 자는 대궐 문에 들어가지 못함이라
3 왕의 명령과 조서가 각 지방에 이르매 유다인이 크게 애통하여 금식하며 울며 부르짖
고 굵은 베 옷을 입고 재에 누운 자가 무수하더라
7 모르드개가 자기가 당한 모든 일과 하만이 유다인을 멸하려고 왕의 금고에 바치기로
한 은의 정확한 액수를 하닥에게 말하고
8 또 유다인을 진멸하라고 수산 궁에서 내린 조서 초본을 하닥에게 주어 에스더에게 보
여 알게 하고 또 그에게 부탁하여 왕에게 나아가서 그 앞에서 자기 민족을 위하여 간
절히 구하라 하니

장면 4. 에스더는 기도와 용기로 이 사건을 해결하고자 노력함 : 에 4:11-17

11 왕의 신하들과 왕의 각 지방 백성이 다 알거니와 남녀를 막론하고 부름을 받지 아니하
고 안뜰에 들어가서 왕에게 나가면 오직 죽이는 법이요 왕이 그 자에게 금 규를 내밀어
야 살 것이라 이제 내가 부름을 입어 왕에게 나가지 못한 지가 이미 삼십 일이라 하라
하니라
12 그가 에스더의 말을 모르드개에게 전하매
13 모르드개가 그를 시켜 에스더에게 회답하되 너는 왕궁에 있으니 모든 유다인 중에
홀로 목숨을 건지리라 생각하지 말라
14 이 때에 네가 만일 잠잠하여 말이 없으면 유다인은 다른 데로 말미암아 놓임과 구원
을 얻으려니와 너와 네 아버지 집은 멸망하리라 네가 왕후의 자리를 얻은 것이 이 때
를 위함이 아닌지 누가 알겠느냐 하니
15 에스더가 모르드개에게 회답하여 이르되
16 당신은 가서 수산에 있는 유다인을 다 모으고 나를 위하여 금식하되 밤낮 삼 일을 먹
지도 말고 마시지도 마소서 나도 나의 시녀와 더불어 이렇게 금식한 후에 규례를 어
기고 왕에게 나아가리니 죽으면 죽으리이다 하니라
17 모르드개가 가서 에스더가 명령한 대로 다 행하니라

장면 5. 하나님께서 이 일을 놀랍게 해결해주심 : 에 8:1-13

1 그 날 아하수에로 왕이 유다인의 대적 하만의 집을 왕후 에스더에게 주니라 에스더
가 모르드개는 자기에게 어떻게 관계됨을 왕께 아뢰었으므로 모르드개가 왕 앞에 나
오니
2 왕이 하만에게서 거둔 반지를 빼어 모르드개에게 준지라 에스더가 모르드개에게 하
만의 집을 관리하게 하니라
10 아하수에로 왕의 명의로 쓰고 왕의 반지로 인을 치고 그 조서를 역졸들에게 부쳐 전
하게 하니 그들은 왕궁에서 길러서 왕의 일에 쓰는 준마를 타는 자들이라
11 조서에는 왕이 여러 고을에 있는 유다인에게 허락하여 그들이 함께 모여 스스로 생
명을 보호하여 각 지방의 백성 중 세력을 가지고 그들을 치려하는 자들과 그들의 처
자를 죽이고 도륙하고 진멸하고 그 재산을 탈취하게 하되
12 아하수에로 왕의 각 지방에서 아달월 곧 십이월 십삼일 하루 동안에 하게 하였고
13 이 조서 초본을 각 지방에 전하고 각 민족에게 반포하고 유다인들에게 준비하였다가
그 날에 대적에게 원수를 갚게 한지라

1. 본문에 등장하는 인물들에 대한 질문입니다. 아래 질문에 각각 대답해보세요.

에스더의 영향력은?

선한 영향력 ☐
악한 영향력 ☐

누구에게 영향력을 끼쳤나요?	영향력의 결과는?

하만의 영향력은?

선한 영향력 ☐
악한 영향력 ☐

누구에게 영향력을 끼쳤나요?	영향력의 결과는?

모르드개의 영향력은?

선한 영향력 ☐
악한 영향력 ☐

누구에게 영향력을 끼쳤나요?	영향력의 결과는?

2. 에스더는 선을 위해 그녀의 영향력을 행사하기 쉬웠나요?(4:11)

3. 누가 에스더를 도와주었나요?(4:16)

4. 하나님은 에스더에게 어떤 보상을 해주셨나요?(8:1-2)

선한 영향력으로 세상 바꾸기

당신이 영향력을 끼칠 수 있는 세 사람의 이름을 적고 한 주 동안 당신이 적극적으로 끼칠 수 있는 영향에 대한 방법을 적어보세요.

내 생활 속에서 만나는 사람	내가 적극적으로 끼칠 수 있는 특별한 영향

세상이 바뀌는 가장 좋은 방법은 내가 하나님의 뜻에 맞게 변하는 것입니다.
당신이 변하면, 하나님의 뜻이 세상 가운데 이루어질 것입니다.

08 하늘에 속한 그리스도인

성경본문 에베소서 5:1-11,15-21
중심구절 에베소서 5:1

경매

이곳은 경매장입니다. 당신에게 오천만 원이 있다면, 아래 주어진 품목들에 대해 각각 얼마씩 지불하겠습니까? 다 마친 후 누가 어느 품목을 가장 높은 가격에 입찰했는지 비교해봅시다.

1. 최고급 컴퓨터 ______________ 원
2. 최신형 오토바이 ______________ 원
3. 다이아몬드 목걸이와 귀걸이 세트 ______________ 원
4. 오래된 안락의자 ______________ 원
5. 테니스 라켓 ______________ 원
6. 100년 된 수제 바이올린 ______________ 원
7. 국가 대표 사인이 담긴 축구공 ______________ 원
8. 최신형 스마트폰 ______________ 원
9. 24단 기어 신형 자전거 ______________ 원
10. MP3 ______________ 원

하나님을 본받는 삶

에베소서 5:1-11,15-21

1 그러므로 사랑을 받는 자녀 같이 너희는 하나님을 본받는 자가 되고
2 그리스도께서 너희를 사랑하신 것 같이 너희도 사랑 가운데서 행하라 그는 우
리를 위하여 자신을 버리사 향기로운 제물과 희생제물로 하나님께 드리셨느
니라
3 음행과 온갖 더러운 것과 탐욕은 너희 중에서 그 이름조차도 부르지 말라 이는
성도에게 마땅한 바니라
4 누추함과 어리석은 말이나 희롱의 말이 마땅치 아니하니 오히려 감사하는 말
을 하라
5 너희도 정녕 이것을 알거니와 음행하는 자나 더러운 자나 탐하는 자 곧 우상
숭배자는 다 그리스도와 하나님의 나라에서 기업을 얻지 못하리니
6 누구든지 헛된 말로 너희를 속이지 못하게 하라 이로 말미암아 하나님의 진노
가 불순종의 아들들에게 임하나니
7 그러므로 그들과 함께 하는 자가 되지 말라
8 너희가 전에는 어둠이더니 이제는 주 안에서 빛이라 빛의 자녀들처럼 행하라
9 빛의 열매는 모든 착함과 의로움과 진실함에 있느니라
10 주를 기쁘시게 할 것이 무엇인가 시험하여 보라
11 너희는 열매 없는 어둠의 일에 참여하지 말고 도리어 책망하라
15 그런즉 너희가 어떻게 행할지를 자세히 주의하여 지혜 없는 자같이 하지 말고
오직 지혜 있는 자같이 하여
16 세월을 아끼라 때가 악하니라
17 그러므로 어리석은 자가 되지 말고 오직 주의 뜻이 무엇인가 이해하라
18 술 취하지 말라 이는 방탕한 것이니 오직 성령으로 충만함을 받으라
19 시와 찬송과 신령한 노래들로 서로 화답하며 너희의 마음으로 주께 노래하며
찬송하며
20 범사에 우리 주 예수 그리스도의 이름으로 항상 아버지 하나님께 감사하며
21 그리스도를 경외함으로 피차 복종하라

1. 우리가 하나님을 본받는 삶을 살아야 하는 이유는 무엇인가요?(2가지)

에베소서 5:1 :

에베소서 5:2 :

2. 하나님의 거룩한 백성으로서 우리가 피해야 할 것은 어떤 것이 있나요?(엡 5:3–5)

반드시 피해야 할 것 ···▸

언어에 관한 것 ···▸

하나님 나라에서 기업을 얻지 못할 자들 ···▸

3. 어둠의 일과 빛의 일은 어떤 차이가 있는가?(엡 5:9,11)

4. 하나님을 본받는 삶을 위한 우리의 적극적인 선택은?(엡 5:15–21)

시간을 낭비하는 삶 ···▸

술에 취함(세상 문화에 물듦) ···▸

불평불만의 삶 ···▸

서로를 깎아내리고 업신여김 ···▸

하나님을 본받는 자가 되라

다음은 하나님을 본받는 사람이 되고자 하는 마음을 어떻게 실천으로 옮길지 친구들의 의견을 써놓은 것입니다. 이것을 읽고 다음 한 주 동안 하나님을 본받기 위한 당신의 계획도 생각해 보세요.

이번주에 나는 내가 무슨 말을 할 것이지 조심하고 내가 누구에 대해 말하고 있는지 주의함으로써 에베소서 5장에서 배운 말씀을 실천하려고 해. 놀라운 사실은 악의없는 농담이나 대화가 너무나 손쉽게 잔혹한 험담이나 욕설로 변해버린다는 거야.
말하는 것도 하나님께는 중요하다고 생각하기 때문에 나는 특별히 내가 말하는 것에 주의를 기울이고 싶어.

나의 '하나님을 본받으려는 계획'은 시간을 아끼라는 말씀이 중심이 될 거야. 나는 이번 주간에 하나님이 나를 통해 일하실 것을 기대하면서 살려고 해. 무슨 일이 일어날 것인지 알 수는 없지만 나는 내가 언제 어디서나 하나님의 일을 할 준비가 되어 있다는 것을 하나님이 알아주시길 원해!

나는 이번주에 사랑을 베푸는 면에서 하나님을 본받으려고 해. 지금까지 나는 하나님께 십일조도 드리고 학생회 일을 할 때도 시간의 일부를 바쳐 왔지만 솔직히 다른 사람들을 위해서는-특별히 교회 밖의 사람들- 내 자신을 주려고 생각하지 못했어. 타인을 위한 생각보다 나를 위해 시간을 사용하는 데 더 많은 노력을 기울여왔던 것 같아. 그러나 오늘부터는 타인을 돕는 일을 위해 내 시간을 쓰고, 그들에게 그리스도 예수님에 대해 전하고 싶어.

날마다 말씀먹기

창세기	1	2	3	4	5	6	7	8	9	10	11	12	13	14	15	16	17	18	19	20	21	22	23	24	25
	26	27	28	29	30	31	32	33	34	35	36	37	38	39	40	41	42	43	44	45	46	47	48	49	50
출애굽기	1	2	3	4	5	6	7	8	9	10	11	12	13	14	15	16	17	18	19	20	21	22	23	24	25
	26	27	28	29	30	31	32	33	34	35	36	37	38	39	40										
레위기	1	2	3	4	5	6	7	8	9	10	11	12	13	14	15	16	17	18	19	20	21	22	23	24	25
	26	27																							
민수기	1	2	3	4	5	6	7	8	9	10	11	12	13	14	15	16	17	18	19	20	21	22	23	24	25
	26	27	28	29	30	31	32	33	34	35	36														
신명기	1	2	3	4	5	6	7	8	9	10	11	12	13	14	15	16	17	18	19	20	21	22	23	24	25
	26	27	28	29	30	31	32	33	34																
여호수아	1	2	3	4	5	6	7	8	9	10	11	12	13	14	15	16	17	18	19	20	21	22	23	24	
사사기	1	2	3	4	5	6	7	8	9	10	11	12	13	14	15	16	17	18	19	20	21				
룻기	1	2	3	4																					
사무엘상	1	2	3	4	5	6	7	8	9	10	11	12	13	14	15	16	17	18	19	20	21	22	23	24	25
	26	27	28	29	30	31																			
사무엘하	1	2	3	4	5	6	7	8	9	10	11	12	13	14	15	16	17	18	19	20	21	22	23	24	
열왕기상	1	2	3	4	5	6	7	8	9	10	11	12	13	14	15	16	17	18	19	20	21	22			
열왕기하	1	2	3	4	5	6	7	8	9	10	11	12	13	14	15	16	17	18	19	20	21	22	23	24	25
역대상	1	2	3	4	5	6	7	8	9	10	11	12	13	14	15	16	17	18	19	20	21	22	23	24	25
	26	27	28	29																					
역대하	1	2	3	4	5	6	7	8	9	10	11	12	13	14	15	16	17	18	19	20	21	22	23	24	25
	26	27	28	29	30	31	32	33	34	35	36														
에스라	1	2	3	4	5	6	7	8	9	10															
느헤미야	1	2	3	4	5	6	7	8	9	10	11	12	13												
에스더	1	2	3	4	5	6	7	8	9	10															
욥기	1	2	3	4	5	6	7	8	9	10	11	12	13	14	15	16	17	18	19	20	21	22	23	24	25
	26	27	28	29	30	31	32	33	34	35	36	37	38	39	40	41	42								
시편	1	2	3	4	5	6	7	8	9	10	11	12	13	14	15	16	17	18	19	20	21	22	23	24	25
	26	27	28	29	30	31	32	33	34	35	36	37	38	39	40	41	42	43	44	45	46	47	48	49	50
	51	52	53	54	55	56	57	58	59	60	61	62	63	64	65	66	67	68	69	70	71	72	73	74	75
	76	77	78	79	80	81	82	83	84	85	86	87	88	89	90	91	92	93	94	95	96	97	98	99	100
	101	102	103	104	105	106	107	108	109	110	111	112	113	114	115	116	117	118	119	120	121	122	123	124	125
	126	127	128	129	130	131	132	133	134	135	136	137	138	139	140	141	142	143	144	145	146	147	148	149	150
잠언	1	2	3	4	5	6	7	8	9	10	11	12	13	14	15	16	17	18	19	20	21	22	23	24	25
	26	27	28	29	30	31																			
전도서	1	2	3	4	5	6	7	8	9	10	11	12													
아가	1	2	3	4	5	6	7	8																	
이사야	1	2	3	4	5	6	7	8	9	10	11	12	13	14	15	16	17	18	19	20	21	22	23	24	25
	26	27	28	29	30	31	32	33	34	35	36	37	38	39	40	41	42	43	44	45	46	47	48	49	50
	51	52	53	54	55	56	57	58	59	60	61	62	63	64	65	66									
예레미야	1	2	3	4	5	6	7	8	9	10	11	12	13	14	15	16	17	18	19	20	21	22	23	24	25
	26	27	28	29	30	31	32	33	34	35	36	37	38	39	40	41	42	43	44	45	46	47	48	49	50
	51	52																							
예레미야애가	1	2	3	4	5																				
에스겔	1	2	3	4	5	6	7	8	9	10	11	12	13	14	15	16	17	18	19	20	21	22	23	24	25
	26	27	28	29	30	31	32	33	34	35	36	37	38	39	40	41	42	43	44	45	46	47	48		

다 니 엘	1	2	3	4	5	6	7	8	9	10	11	12													
호 세 아	1	2	3	4	5	6	7	8	9	10	11	12	13	14											
요 엘	1	2	3																						
아 모 스	1	2	3	4	5	6	7	8	9																
오 바 댜	1																								
요 나	1	2	3	4																					
미 가	1	2	3	4	5	6	7																		
나 훔	1	2	3																						
하 박 국	1	2	3																						
스 바 냐	1	2	3																						
학 개	1	2																							
스 가 랴	1	2	3	4	5	6	7	8	9	10	11	12	13	14											
말 라 기	1	2	3	4																					

마 태 복 음	1	2	3	4	5	6	7	8	9	10	11	12	13	14	15	16	17	18	19	20	21	22	23	24	25
	26	27	28																						
마 가 복 음	1	2	3	4	5	6	7	8	9	10	11	12	13	14	15	16									
누 가 복 음	1	2	3	4	5	6	7	8	9	10	11	12	13	14	15	16	17	18	19	20	21	22	23	24	
요 한 복 음	1	2	3	4	5	6	7	8	9	10	11	12	13	14	15	16	17	18	19	20	21				
사 도 행 전	1	2	3	4	5	6	7	8	9	10	11	12	13	14	15	16	17	18	19	20	21	22	23	24	25
	26	27	28																						
로 마 서	1	2	3	4	5	6	7	8	9	10	11	12	13	14	15	16									
고린도전서	1	2	3	4	5	6	7	8	9	10	11	12	13	14	15	16									
고린도후서	1	2	3	4	5	6	7	8	9	10	11	12	13												
갈라디아서	1	2	3	4	5	6																			
에 베 소 서	1	2	3	4	5	6																			
빌 립 보 서	1	2	3	4																					
골 로 새 서	1	2	3	4																					
데살로니가전서	1	2	3	4	5																				
데살로니가후서	1	2	3																						
디모데전서	1	2	3	4	5	6																			
디모데후서	1	2	3	4																					
디 도 서	1	2	3																						
빌 레 몬 서	1																								
히 브 리 서	1	2	3	4	5	6	7	8	9	10	11	12	13												
야 고 보 서	1	2	3	4	5																				
베드로전서	1	2	3	4	5																				
베드로후서	1	2	3																						
요 한 일 서	1	2	3	4	5																				
요 한 이 서	1																								
요 한 삼 서	1																								
유 다 서	1																								
요한계시록	1	2	3	4	5	6	7	8	9	10	11	12	13	14	15	16	17	18	19	20	21	22			

토틴만의 특별한 커리큘럼

◆ 기초튼튼 과정

새 친구를 위한 복음의 핵심

- 창조, 하나님이 하신 일
- 죄, 하나님을 슬프게 하는 일
- 예수님, 우리를 위한 선물
- 거듭남, 변화된 삶을 향해
- 성령, 도우시는 하나님
- 성경, 살아있는 생명의 말씀
- 교회, 예수님의 몸
- 예배, 하나님을 기쁘시게

신구약을 꿰뚫는 한눈에 보는 성경

구약이야기

- 창조와 타락 최초의 사람들
- 족장시대 약속을 받은 사람들
- 모세와 출애굽 약속의 땅을 향해
- 가나안 정복 젖과 꿀이 흐르는 땅
- 사사시대 시련과 실수
- 통일왕국시대 세 왕 이야기
- 분열왕국시대 하나님을 떠난 이스라엘
- 바벨론 유수와 포로 귀환 다시 세우는 이스라엘

신약이야기

- 예수님의 세 가지 사역
- 십자가와 부활, 승천
- 초대교회의 탄생
- 박해받는 초대교회
- 교회의 부흥과 베드로의 사역
- 안디옥 교회와 최초의 선교사
- 바울의 전도여행
- 로마로 향하는 바울

◆ 1권–3권

1권(1–4월) 하나님 안에서의 나의 신분

하나님 안에서의 나의 신분

- 나를 지으신 주님
- 사랑받는 나
- 나는 부족하더라도
- 하나님 아버지의 마음
- 나는 주님의 기쁨
- 축복의 통로
- 나는 주님의 성전
- 주의 전신갑주를 입고

사순절과 기쁨의 50일 ㅣ

- 아들을 보내신 하나님
- 사람으로 오신 예수님
- 죄인의 친구
- 선한 목자
- 십자가를 지심
- 살아나신 그리스도
- 마라나타
- 성령의 열매

2권(5–8월) 거듭남 그 이후

거듭남의 비밀

- 집중분석, 죄
- 진정한 회개
- 위대한 용서
- 하나님의 무한사랑
- 거듭남1. 제2의 인생
- 거듭남2. 거듭남의 축복
- 거듭남3. 성장의 비밀
- 거듭남4. 구원의 확신

그리스도인의 삶

- 예수님을 만난 후
- 주님만 높이는 삶
- 진정한 기쁨이란
- 서로 사랑하기
- 남을 향한 손가락
- 가장 어려운 일, 용서
- 선한 영향력을 미치는 삶
- 하늘에 속한 그리스도인

3권(9–12월) 비유로 배우는 하나님 나라

비유로 배우는 하나님 나라

- 소금과 빛
- 반석 위에 지은 집
- 선한 사마리아인
- 결실을 맺는 땅
- 포도원 품꾼
- 열 처녀 이야기
- 달란트 비유
- 양과 염소의 비유

청소년의 삶과 고민

- 스타에 열광하는 당신
- 따돌림도 죄가 되나요?
- 누가 좀 말려줘요!
- 그리스도인의 이성교제

대림절과 크리스마스 ㅣ

- 약속 그대로
- 성탄목의 의미
- 찬송을 넘어 기쁨으로
- 성탄예배 선물

◆ 4권–6권

4권(1–4월) 나는 예배자		5권(5–8월) 그리스도인의 관계형성		6권(9–12월) 어려운 질문	
나는 예배자	· 나는 예배자 · 춤추는 예배자 다윗 · 멈출 수 없는 예배 · 예배의 네 기둥 · 찬양과 예배 · 함께 드리는 기도 · 드림의 비밀 · 안식일의 주인	그리스도인의 관계형성	· 부모님 공경하기 · 싸우는 가정 · 깨어진 가정 · 믿지 않는 가정 · 다윗의 친구 요나단 · 중풍병자의 네 친구 · 우정의 황금률1. 선한 충고 · 우정의 황금률2. 섬김	기도베이직	· 기도 베이직 · 기도의 모범답안, 주기도문 · 어려울 때 드리는 기도 · 응답받는 믿음의 기도
				어려운 질문	· 응답받지 못하는 기도의 이유는? · 사탄은 정말로 있을까? · 지옥은 정말로 있을까? · 이단이 도대체 뭐야? · 중독, 어두운 그림자 · 내가 고통당할 때 하나님은 어디 계시는가? · 내가 믿음 때문에 손가락질 당할 때 하나님은 어디 계시는가? · 내가 죽고 싶을 때 하나님은 어디 계시는가?
사순절과 기쁨의 50일 II	· 향유를 부은 마리아 · 예루살렘으로 가는 길 · 마지막 설교, 한 알의 밀 · 고난과 영광의 길 · 부활하신 주님 · 디베랴 바닷가 · 감람산에서 · 마가의 다락방	믿음의 영웅들	· 믿음의 영웅들 · 순종하는 믿음, 노아 · 내려놓음의 축복, 아브라함 · 시련을 이기는 믿음, 요셉 · 인생을 바꾼 믿음, 라합 · 기적을 부르는 믿음, 바디매오 · 믿기 어려울 때 · 칭찬받는 믿음	대림절과 크리스마스 II	· 가브리엘의 방문 · 성령으로 기뻐한 사람들 · 베들레헴에 오신 왕 · 성탄예배 찬송하는 목자들

◆ 7권–9권

7권(1–4월) 하나님과 친밀함 누리기		8권(5–8월) 여호와의 리더십 학교		9권(9–12월) 성숙한 교회 공동체	
하나님과 친밀함 누리기	· 하나님의 우선순위 · 하나님은 나의 주? · 인생 나침판 · 친밀함으로 한걸음 말씀읽기 · 친밀함으로 한걸음 말씀처럼 · 친밀함으로 한걸음 거룩하게 · 성령님과 함께 걸어요 · 주님 다시 오실때까지	내면의 삶 가꾸기	· 걱정거리 · 열등감 · 탐욕 · 분노 · 강요 · 위선 · 영적 실패 · 경시	성숙한 교회 공동체	· 그리스도의 몸 된 교회 · 하나의 교회 · 한몸된 지체를 사랑하는 교회 · 예배공동체 · 품어주고 회복시키는 교회 · 쓰다남은 부스러기 · 선교하는 공동체 · 뜨겁든지 차갑든지
				전도	· 주님의 부르심 · 나의 프로필 · 잃어버린 한 영혼 · 나만의 전도스타일
사순절과 기쁨의 50일 III	· 약속 · 약속으로의 초대 · 거절당한 예수님 · 마지막 수업 · 흔들 수 없는 결심 · 가상칠언 · 부활의 증인되기 · 성령받은 후에	여호와의 리더십 학교	· 희생과 섬김 · 사람 끌어안기 · 하나님께 묻는 리더 · 모세의 링커십 · 여호수아의 팔로어십 · 반면교사 솔로몬 · 느헤미야 프로젝트 · 리더 임명식	대림절과 크리스마스 III	· 공의의 빛 · 기이한 빛 · 세상의 빛 · 성탄예배 빛의 축제

토틴시리즈 2. 거듭남 그 이후

1판 1쇄 2011년 11월 15일
1판 11쇄 2016년 7월 20일
2판 6쇄 2024년 6월 25일

지은이 토기장이 교재연구팀
일러스트 김미용
대표 조애신
책임편집 김정민, 조미래
편집 이소연
디자인 지은주, 임은미
마케팅 전필영, 권희정
경영지원 전두표

발행처 도서출판 토기장이
주소 서울시 마포구 동교로 71-1 2F
출판등록 1998년 5월 29일 제1998-000070호
전화 02-3143-0400
팩스 0505-300-0646
이메일 tletter77@naver.com
인스타그램 togijangi_books_

ISBN 978-89-7782-241-2

도서출판 토기장이는 생명 있는 책만 만듭니다.
"우리는 진흙이요 주는 토기장이시니 우리는 다 주의 손으로 지으신 것이니이다" (이사야 64:8)